Marcel Haldenwang

Der Museumsbesuch im Geschichtsunterricht - Den Alltag meistern in der
Steinzeit - Unterrichtsgang der fünften Klasse einer Hauptschule zum Museum
'Quadrat' in Bottrop

D1640961

Marcel Haldenwang

Der Museumsbesuch im Geschichtsunterricht - Den Alltag meistern in der Steinzeit - Unterrichtsgang der fünften Klasse einer Hauptschule zum Museum 'Quadrat' in Bottrop

GRIN Verlag

Bibliografische Information Der Deutschen Bibliothek: Die Deutsche
Bibliothek verzeichnet diese Publikation in der Deutschen Nationalbibliogra-
fie; detaillierte bibliografische Daten sind im Internet über http://dnb.ddb.de/
abrufbar.

1. Auflage 2005
Copyright © 2005 GRIN Verlag
http://www.grin.com/
Druck und Bindung: Books on Demand GmbH, Norderstedt Germany
ISBN 978-3-638-65971-0

Der Museumsbesuch im Geschichtsunterricht.

Den Alltag meistern in der Steinzeit – Unterrichtsgang der fünften Klasse einer

Hauptschule zum Museum „Quadrat" in Bottrop

Schriftliche Hausarbeit im Rahmen der Zweiten Staatsprüfung für das Lehramt für die
Sekundarstufe I dem Staatlichen Prüfungsamt für Zweite Staatsprüfungen für Lehrämter
an Schulen Düsseldorf

vorgelegt von:

Marcel Haldenwang
Hückeswagen, den 16. Mai 2005

Studienseminar für Lehrämter an Schulen
Kleve I, Seminar GHRGe/SI

Inhaltsübersicht

0. Einleitung

Einen eher epischen Einstieg in das Thema dieser Arbeit soll ein „pädagogisches Märchen" bieten, in dem Museumspädagogen aus ihrer Praxis und von der Fortentwicklung ihrer persönlichen Museumsarbeit berichten. In diesem Bericht ist von einer Waffenfabrik die Rede, die abgerissen werden und modernen Gebäuden weichen sollte. Der Protest von solchen, die die Fabrik für denkmalgeschützt und geschichtsträchtig hielten, verhinderte das. Stattdessen entstand in dem Gebäude zunächst eine Ausstellung, in dem die vergangene industrielle Arbeitswelt dokumentiert wurde, dann ein Museum:[1]

„Die industrielle Arbeitswelt interessiert doch niemanden. Geschichte ist doch nur das, was die Könige, Fürsten, Heerführer und vielleicht noch die großen Künstler gemacht haben. Das wird in Museen und Ausstellungen gezeigt", meinten die Zweifler. Sie täuschten sich aber. Es kamen 400 000 Menschen, um zu sehen, wie die kleinen Leute gelebt und gearbeitet hatten. „Arbeit-Mensch-Maschine" hieß die Ausstellung, die so erfolgreich war, dass man beschloss, das Museum weiter bestehen zu lassen.

Die drei MusketierInnen

Mit der Zeit kamen viele, viele Schüler ins Museum. Sie stellten sich brav bei der Kasse an, und dann kam eine kluge Frau oder ein kluger Mann, führte sie zwei Stunden durch die Räume und erzählte ihnen alles, was sie oder er selber wusste. Die artigen Kinder hörten zu, bis ihnen nach einer Viertelstunde der Kopf brummte vom vielen Zuhören. Weil sie aber, wie gesagt, artige Kinder waren, gingen sie weiter mit der klugen Frau oder dem klugen Mann mit und taten ihr oder ihm zuliebe so, als würden sie weiter zuhören. Die schlimmen Kinder aber, die im Grunde die klügeren waren, versteckten sich an günstigen Stellen, blieben absichtlich zurück und stahlen sich unbemerkt davon. Es gab eine Frau im Museum, die saß in einer Kammer, die mit vielen Bildern und Büchern angefüllt war, und bemühte sich, sie zu ordnen. Eines Tages aber bekam sie einen ganz klaren Auftrag: „Mach' irgendwas mit den Schülern." Die Frau wusste natürlich sofort, was sie zu tun hatte, und ging mutig ans Werk. Nach einiger Zeit kam ein Lehrer ins Haus, der nie gewusst hatte, welche Deutschnoten er seinen Schülern geben sollte, um auch irgend etwas für die Schüler zu tun. Beide beschlossen, die Schüler vor allem nicht mehr wie ein Leithammel seine Schafherde durch das Museum zu führen. Sie sollten frei herumlaufen dürfen, aber trotzdem vieles gemeinsam tun und sogar noch etwas dabei lernen können. Das glaubten die Lehrer zwar lange Zeit nicht, aber schließlich sahen sie doch ein, dass es so besser wäre. Diese neue Art, im Museum etwas zu lernen, hieß „Museumspädagogik", war in Amerika schon seit hundert und in Deutschland bereits seit zwanzig Jahren bekannt und machte, auch wenn das noch ein bisschen nach Schule klingt, den Schülern viel mehr Spaß als früher. Und was das Wunderbare war: Sie merkten sich sogar mehr und wussten später viel besser, was sie gesehen, gehört und auch getan hatten. Dann kam noch ein Mann ins Haus, der gelernt hatte, mit Menschen zu arbeiten, sogar mit schwierigen oder solchen, denen es schlecht ging. So waren sie denn zu dritt, und auch noch ein paar andere Leute halfen ihnen. Nun sind sie schon viele Jahre im Museum und versuchen bei jeder neuen Ausstellung unverdrossen, den Schülern, aber auch den Lehrern zu zeigen, dass Lernen etwas Schönes, Interessantes und sogar Lustiges sein kann. Und wenn sie nicht gestorben sind, dann leben sie noch heute. Ob sie nun „MuseumspädagogInnen" oder „KulturvermittlerInnen" sind, ist nicht so wichtig. Hauptsache ist, dass im Museum Menschen mit Menschen arbeiten. Dafür werden sie sich weiter einsetzen. [...]

Dieser Bericht schneidet implizit oder explizit wichtige Aspekte an, die in dieser Arbeit ausführlich zu erörtern sein werden. So wird ein außerschulischer Lernort angesprochen,[2] dessen Potential man nutzen oder auch ins Gegenteil verkehren kann. Diese Arbeit wird den Fokus auf zweierlei Potentiale des außerschulischen Lernortes „Museum" richten. Zum einen sollen die Chancen in den Blick genommen werden, die der Museumsbesuch für das soziale Lernen der Schüler[3] bietet. Folgende Beobachtung gab nämlich den Ausschlag für die Wahl des Themas „Unterrichtsgang in ein Muse-

---

[1] „Fast ein pädagogisches Märchen" <http://www.eb.salzburg.at/museum.htm> (22.03.05).
[2] Vorläufig werden „außerschulischer Lernort", „Exkursion", „Erkundung", „Unterrichtsgang" und „Feldstudie" (field study/research) als Synonyme gebraucht, eine Problematisierung erfolgt zu Beginn von Kapitel 2.1.
[3] An dieser Stelle sei vermerkt, dass das Wort „Schüler" meist die Schülerinnen impliziert. Auf die gesonderte Nennung wird bewusst verzichtet, um nicht der verbreiteten Verwechslung von grammatischem und biologischem Geschlecht aufzusitzen.

um". Es war die Beobachtung, dass sich zwei ganz ähnliche Lerngruppen – die Rede ist nicht von den beiden Klassen 5 – mit einem vergleichbaren Anteil an problematischen Schülern, was die Disziplin betrifft, ausgesprochen unterschiedlich verhielten. Auf einer Klassenfahrt wies dann eine Lehrerin, die große Mühe in solche außerschulische Aktivitäten mit ihrer Klasse investiert und mit dieser jährlich eine ganze Woche verreist, darauf hin, welch positiven Effekt solche Veranstaltungen auf ihren Unterricht hätten und wie stark es sich in einer Klasse widerspiegele, wenn die Klassenlehrerin oder der Klassenlehrer auf solche Aktivitäten verzichte. In dieser Arbeit soll daher versucht werden[4] behutsam abzustecken, inwieweit auch ein – naturgemäß zeitlich stärker begrenzter – Unterrichtsgang für den Fachlehrer positive Auswirkungen auf das soziale Klima haben kann.

Darüber hinaus geht es um die Chancen, die das Museum, für das Sachzeugnisse geradezu konstitutiv sind, hinsichtlich des historischen Lernens bereithält. Es wird also die Rede davon sein, inwiefern das Museum die Lehrerfunktion „Erziehen" unterstützen kann und inwiefern es genuine Belange des Faches Geschichte unterstützt, also die Lehrerfunktion „Unterrichten".[5] Die im Studium erworbene Theoriefähigkeit und „pädagogische Urteilskraft"[6] ist hierbei ausgesprochen wichtig, die Theorie muss sich allerdings nunmehr in der Praxis bewähren. Daher wird zunächst die Lernausgangssituation der Klasse darzustellen sein, die zusammen mit dem Lehramtsanwärter das Museum „Quadrat" besucht hat; das obige pädagogische Märchen deutet schon an, dass nicht jedem Schüler jede Aktionsform zumutbar ist, weil jeder Schüler unterschiedliche Voraussetzungen mitbringt. Im obigen Märchen wird gesagt, dass es gelungen sei, den Museumsbesuch für die Schüler so zu gestalten, dass er ihnen Spaß mache. Mit welchen methodischen und organisatorischen Kunstgriffen bei Planung, Durchführung und Auswertung des Museumsbesuchs das im Einzelnen erfolgte, wird nicht angesprochen. Die Arbeit wird dieser Frage nachgehen müssen; dabei wird als dritte Lehrerfunktion das Organisieren zur Sprache kommen. Weil diese Arbeit – anders als der zitierte Erfahrungsbericht – nicht mit einer Laudatio auf das eigene pädagogische Schaffen wird enden können, erfolgt abschließend eine kritische Reflexion des realisierten Museumsbesuchs, der sich Überlegungen zur Optimierung eines solchen Museumsbesuchs anschließen.

---

[4] An dieser Stelle sei darauf hingewiesen, dass, was die Zeichensetzung betrifft, kein Komma gesetzt wird, wenn es sich um erweiterte Infinitivsätze handelt, die mit einem Verb eingeleitet werden, das kein Vollverb ist, und wo das Komma nicht semantisch notwendig ist, etwa um Mehrdeutigkeit aufzulösen. Bei Infinitivsätzen, die sog. Subjektsätze sind, wird ebenfalls absichtlich kein Komma gesetzt. Anführungszeichen machen Zitate, aber auch den metasprachlichen sowie den distanzierten Wortgebrauch kenntlich.

[5] Diese Abgrenzung der Lehrerfunktionen setzt Unterricht mit Wissen im weitesten Sinne gleich und Erziehung mit Werten; Bildung ist nach diesem Verständnis Wissen *und* Werte, m. a. W.: sich aus dem Wissen ein Gewissen machen. Vgl. hingegen die wenig überzeugende Unterscheidung von Erziehung und Bildung in Ministerium für Schule, Jugend und Kinder (Hrsg.), *Richtlinien und Lehrpläne für die Hauptschule in Nordrhein-Westfalen. Geschichte/Politik* (Düsseldorf/Frechen: 1989), S. 11.

[6] Der Ausdruck stammt von Wittenbruch, der sich gegen die Flut von Praxisberichten wendet und stattdessen eine solide „pädagogische Urteilskraft" und eine „begründete Erziehungsvorstellung" fordert (vgl. Wilhelm Wittenbruch, *Schule, ein tauglicher Lebensort für Kinder und Jugendliche? Zehn Anmerkungen zum Thema „Schulleben"*, S. 116 u. 121, in: Gunter Reiß (Hrsg.), *Schule und Stadt. Lernorte, Spielräume, Schauplätze für Kinder und Jugendliche* (Weinheim u. a.: 1995), S. 113-129). Damit spricht er das Problematische einer Gattung an, der möglicherweise auch diese Arbeit und die zweiten Staatsarbeiten i. A. zuzurechnen sind.

1. Überlegungen zur Lerngruppe

Einleitend wurde bereits erwähnt, welche Motivation primär hinter dem Klassenausflug stand, nämlich die Hoffnung, dass dieser positive Auswirkungen auf die *Disziplin und das soziale Klima in der Klasse* haben würde. Und dieses Klima schien in mancher Hinsicht verbesserungswürdig zu sein. Die Klasse hatte in der ersten Woche des Schuljahres, als der Klassenlehrer die Klasse zusammen mit der Co-Klassenlehrerin betreute und der Lehramtsanwärter dort hospitierte, einen recht disziplinierten Eindruck gemacht. Vermutlich waren die Schüler in der neuen Umgebung und angesichts der vielen neuen Mitschüler und Lehrer noch eingeschüchtert gewesen, denn der in diesen Stunden von der Klasse gewonnene Eindruck trog ein wenig. In der zweiten Woche und in den ersten Geschichtsstunden zeigte sich die Klasse ausgesprochen lebhaft. Besonders auffällig benahmen sich vier Schüler, S., S., Y. und D. Denselben Eindruck gewannen der Klassenlehrer sowie mehrere Fachlehrer, sodass in einer außerordentlichen Sitzung über Maßnahmen beraten wurde, um die Klasse zu disziplinieren. Zu dem Maßnahmenkatalog gehört insbesondere die Abmachung, bei Stundenanfang auf Ruhe zu achten und auf eine Begrüßung, bei der sich alle Schüler hinter den Stuhl stellen. Disziplinverstöße wie Reinrufen oder ein unangemessener Umgangston werden mit gelben Strafzetteln geahndet, bei zwei solcher Zettel gibt es am Ende der Stunde eine Strafaufgabe. Zudem werden solche Verstöße in einem gesonderten Ordner vermerkt, der dann zu Dokumentationszwecken in Elterngesprächen herangezogen werden kann. Ferner wurde als Ruhezeichen das Handheben eingeführt, wobei der Zeigefinger der anderen Hand vor den Mund gehalten wird. Nachdem Gruppenarbeit des öfteren zu größerer Unruhe in der Klasse geführt hatte, erarbeitete die Klasse in Geschichte gemeinsam Regeln für die Gruppenarbeit, die sozusagen als Vertrag schriftlich fixiert, von allen Schülern unterzeichnet und in der Klasse aufgehängt wurden. Innerhalb des vergangenen Halbjahres hat sich die Disziplin gerade im Fach Geschichte – vermutlich nicht zuletzt aufgrund dieser Maßnahmen – zum Positiven verändert. Die eingeführten Regeln und Rituale geben gerade o. g. lautstarken, renitenten Schülern Anhaltspunkte für ein angemessenes Benehmen. S. ist nach zwei Klassenkonferenzen in die parallele Lerngruppe versetzt worden. Einerseits erscheint es erst jetzt möglich, mit dieser Klasse einen Ausflug zu wagen – die Problematik einer Horde Schüler, die einen „Musentempel" sozusagen stürmt, wird noch anzusprechen sein –, andererseits soll das gemeinsame Erlebnis diese positive Entwicklung weiter fördern, wie in Kapitel 2.1. darzustellen sein wird. Die am Tag vor dem Museumsbesuch durchgeführte Befragung der Schüler zeigt, dass die Schüler mehrheitlich erkennen, dass ihre Klasse in dieser Hinsicht durchaus noch Entwicklungsbedarf hat. Mit der Klassengemeinschaft sehr zufrieden sind zwar sechs von 20 Schülern, immerhin acht Schüler schätzen sie aber auch als ungenügend ein; der Durchschnitt beträgt 3,7. Bei der Einschätzung der Disziplin in der Klasse verhält es sich ähnlich: Acht Schüler sind sehr zufrieden, 11 hingegen schätzen die Disziplin als ungenügend ein; der Durchschnitt beträgt hier 3,9.

Neben der Disziplin muss als weiterer wichtiger Bedingungsfaktor für einen solchen Unterrichtsgang die *Motivation der Schüler* in Augenschein genommen werden. Bei der Befragung fällt sogleich die negative Bewertung der Frage 1 auf. Die Schüler bewerten die Zeit, in der sie stillsitzen müssen, im Durchschnitt mit 5,5. Man könnte mutmaßen, dass dieses Ergebnis auf eine sich abzeichnende allgemeine Schulfrustration hindeutet – sie wird ja gerade Hauptschülern nachgesagt

–, dem widersprechen allerdings die Ergebnisse von Frage 4 und 7. Die Frage nach dem Lehrerbild erzielte das positivste Ergebnis überhaupt (2,0 im Durchschnitt), und die Frage danach, ob die Schüler im Allgemeinen gern zur Schule gehen, erhielt die zweitbeste Bewertung, nämlich 3,1 im Durchschnitt. Das Ergebnis der Frage 1 muss also eher als Bedürfnis der Schüler nach Bewegung gedeutet werden denn als Schulfrustration. Gleichwohl kann Schule mit dem Museum nicht mithalten. Der zweite Teil der Befragung sollte u. a. in Erfahrung bringen, ob die Schüler das Museum oder die Schule interessanter finden, und das Ergebnis ist eindeutig: Von 20 Schülern halten 17 das Museum und lediglich drei die Schule für interessanter. Noch aufschlussreicher als das Votum selbst sind die Begründungen für das Votum, denn hier zeigt sich, was die Schüler derart entschieden Partei ergreifen lässt zugunsten des Museums und wie denkbar widersprüchlich die Beweggründe sind. So schreiben vier Schüler, die dem Museum den Vorzug gegeben haben, dass sie im Museum nichts lernen müssten. Dass Museum ziehen vier weitere Schüler der Schule vor, weil man dort nicht schreiben müsse. Drei andere Schüler hingegen schreiben, dass sie für das Museum votiert hätten, weil man dort viel bzw. mehr lerne, und vier Schüler konkretisieren schon ihre Erwartung. Sie erhoffen sich „tote Tiere", „sehr gute Sachen" sowie „was sehr Interessantes" angucken zu können. Beinahe betroffen macht die Begründung eines Schülers, der sich ebenfalls fürs Museum entschieden hat, im Museum könne man lernen und Spaß haben; in der Schule scheinen ihm Lernen und Spaßhaben eher Gegensätze zu bilden. Was der Schüler nicht wissen kann: Gerade auch in der Exkursionsdidaktik scheint man den Spaß manchmal übertrieben zu fürchten aus Angst vor bloßem Aktionismus und „Disneyland"-Zuständen. Erfreulicherweise scheint sich aber zunehmend der Ausdruck „Freizeitpädagogik" durchzusetzen, der andeutet, dass Wissenserwerb und Freizeit bzw. Freude nicht unbedingt als Gegensätze zu betrachten sind. Schlichtweg nicht in der Schule zu sein ist für einen weiteren Schüler Grund genug, sich für das Museum zu entscheiden, denn als Begründung schreibt er: „... weil man da nicht in der Schule ist."

Die Motivation für den bevorstehenden Museumsbesuch ist demnach hoch. In diesem Zusammenhang muss erwähnt werden, dass – wie die Befragung besagt – nur zwei Schüler noch nie in einem Museum waren. Abgesehen von zwei fehlerhaften Angaben waren acht Schüler bereits einmal in einem Museum, vier bereits zweimal, zwei dreimal, einer drei- bis viermal und ein weiterer viermal. Ungefähr zwei Drittel der Besuche wurde im schulischen Rahmen durchgeführt, immerhin ein Drittel geht auf private Initiative zurück. Die hohe Motivation – diese Aussage lässt die Befragung zu, sofern die Schüler ehrlich und nicht im Sinne einer sozialen Erwünschtheit geantwortet haben – geht demnach nicht auf mangelnde Museumserfahrung und auf eine unwissende Idealisierung gegenüber der Schule zurück. Einige Erwartungen müssen natürlich enttäuscht werden, etwa die, dass ein Museumsbesuch ohne Lernen und Schreiben auskommt. Dennoch ist die freudige Erwartungshaltung der Schüler ein hehres Gut.

Um diese freudige Erwartung nicht zu enttäuschen und um Frustrationen vorzubeugen, gilt es den *Leistungsstand der Klasse* sorgfältig einzuschätzen und dann ein angemessenes Museum auszusuchen sowie das Arbeitsmaterial entsprechend zuzuschneiden. Schon die Bemerkungen der Schüler, dass sie sich vom Besuch eines Museums erhoffen, dort nicht schreiben zu müssen, zeigt, was einer Vielzahl von Schülern in dieser Klasse schwerfällt. Nicht nur Schreiben, auch Lesen und Textarbeit

ist für viele eine Hürde; der jüngste sinnfällige Beleg sind solche Fragebögen, wo Schüler statt eine Ziffer einzutragen ein Kreuzchen gesetzt haben. Selbst kleinschrittige Verständnisfragen fallen vielen Schülern dieser Klasse schwer. Beispielhaft sei hier M. genannt. Sie fiel bisher zweimal dadurch auf, dass sie nach der exakten Antwort für eine Textfrage fragte. Darum gebeten, selbst die Antwort im Text zu suchen, sagte sie: „Dazu muss ich den Text ja lesen." Ihr scheint das Lesen und Verstehen selbst von kurzen und einfachen Texten große Mühe zu bereiten. Mit dieser Beobachtung korrespondieren auch die Bemerkungen von immerhin sechs Schülern, die – in Frage 7 des zweiten Teils der Befragung darum befragt, was ihnen an Geschichte nicht gefällt und was man besser machen solle – antworteten: „Mehr malen", „mehr basteln und malen", „ganz viel zeichnen". Diese Abneigung gegenüber Textarbeit mag man als typisch für das Klientel der Hauptschule bezeichnen und als Defizit. Den Schülern dieser Altersklasse zugute halten muss man allerdings, dass die Kinder, wie man spätestens seit Piaget weiß, möglicherweise noch nicht die Stufe des konkret-operationalen Denkens überwunden und die des formal-operativen erreicht haben, d. h. das Denken in diesem Alter noch stark konkret und an Anschauung gebunden ist. Inwiefern gerade Sachquellen eines Museums diesem Umstand gerecht werden, wird noch zu erörtern sein. Bezeichnenderweise erhoffen sich zahlreiche Schüler, wie die Antworten zu Frage 8 des zweiten Teils der Befragung zeigen, im Museum „alte Sachen", Skelette oder Waffen an*gucken*, „an*packen*" und auch zusammen- bzw. nach*bauen* zu können.

2. Überlegungen zum außerschulischen Lernort „Museum"
2.1. Perspektiven angesichts des Erziehungsnotstands

Kapitel 2.2. enthält eine ausführliche Auseinandersetzung mit dem Thema „Sachquellen". Das könnte den Eindruck erwecken, dass sie das Charakteristische eines Museumsbesuchs sind. Der Museumsbesuch wäre dann eine Unterrichtsmethode unter anderen. Hey betont aber, dass der Museumsbesuch wie die historische Exkursion im Allgemeinen *mehr* als eine Unterrichts*methode* für den Geschichtsunterricht seien, sie seien eine Unterrichts*form*. Das Kennzeichnende sei, dass man die Schule verlasse. Deswegen fasst er den Museumsbesuch unter seinen relativ weitgefassten Exkursionsbegriff, weil das „Herauslaufen" (*excurrere, excursio*) so entscheidend sei, und hält es für zweitrangig, ob die gegenständliche Quelle am originalen Ort, im Museum oder im Archiv aufgesucht wird.[7] Andere Geschichtsdidaktiker wie Ziegler grenzen den Museumsbesuch hingegen von der Exkursion ab.[8] Auch wenn die Diskussion möglicherweise nicht zu entscheiden ist, sie zeigt, wie wichtig beim Museumsbesuch der Gesichtspunkt „*außer*schulischer Lernort" neben dem Gesichtspunkt „Sachquellen" ist.

Auch *außerhalb* des Klassenzimmers zu lernen, das war bereits eine wesentliche Forderung der Reformpädagogik. Diese Art des Lernens wurde damals v. a. damit begründet, dass ein solcher

---

[7] Vgl. Bernd Hey, *Die historische Exkursion. Zur Didaktik und Methodik des Besuchs historischer Stätten, Museen und Archive* (Stuttgart: 1978) (Anmerkungen und Argumente zur historischen und politischen Bildung, Bd. 19), S. 12.

[8] Vgl. Bernd Hey, *Exkursionen, Lehrpfade, alternative Stadterkundungen*, S. 728, in: Klaus Bergmann u. a. (Hrsg.), *Handbuch der Geschichtsdidaktik* (Seelze-Verlber: [5]1997), S. 727-731. Eine Hey entgegengesetzte Position bezieht auch Waltraud Schreiber, „Die historische Exkursion. Versuch einer Typologie", S. 30, *Geschichte, Politik und ihre Didaktik*, Heft 1/2 (1999), S. 30-36.

Lernort Gelegenheit zur Selbsttätigkeit, zum bewussten Sehen und Hören und zur körperlichen Ertüchtigung biete, zudem den geforderten Erlebnisunterricht ermögliche und auch die in der Heimatkunde sichergestellt geglaubte Lebensnähe gewähre.[9] Heute wird das außerschulische Lernen v. a. damit begründet, dass angesichts dessen, was man unter dem Schlagwort „veränderte Kindheit" subsummiert – etwa „Naturferne" durch „Innenraumsozialisation" oder „Medienkindheit" –, die Schule kompensatorisch wirken und vermehrt Möglichkeiten zur primären sinnlichen Erfahrungen bieten und Erfahrungsräume zurückgewinnen müsse.[10] Besonders betont wird zudem das erhebliche Motivationspotential, das außerschulische Lernorte für den Unterricht im Allgemeinen wie den Geschichtsunterricht im Besonderen haben; in erster Linie wird die *Schüler* ein Lernort außerhalb des Klassenzimmers motivieren – die Befragung scheint das für die Klasse 5b zu bestätigen –, aber die Unterbrechung des alltäglichen Unterrichtstrotts und die Herausforderung, den Unterricht in ungewohnter Umgebung zu gestalten, sozusagen auf einer öffentlichen Bühne und nicht bloß hinter verschlossener Klassentür, kann sicher auch für den *Lehrer* befreiend und motivierend wirken. Bedenkenswert ist aber, dass sich dieser positive Effekt der erhöhten Motivation und Lernbereitschaft nicht per se einstellen muss; durchaus denkbar ist der Fall, wo – evtl. erzwungene und didaktisch nicht durchdachte – Museumsbesuche den Effekt haben, dass das Interesse an Geschichte schwindet. Zur Fähigkeit des Besichtigens und Reisens angeleitet zu werden, ebenso wie Interesse zu wecken, mit offenen Augen v. a. für die geschichtliche Dimension Besichtigungen auch über die Schulzeit hinaus zu unternehmen – diese Aufgaben schreibt überdies Rohlfes den Exkursionen zu.[11]

Wie einleitend bereits erwähnt, soll hier der außerschulische Lernort aber v. a. daraufhin untersucht werden, was er für das Klassenklima und die Disziplin leisten kann angesichts der problematischen Schüler in dieser Klasse und des oft beklagten[12] und gerade bei vielen Schülern dieser Klasse zu beobachtenden Erziehungsnotstandes. Außerschulische Lernorte werden seit jeher im Zusammenhang mit dem Thema „Schulleben" diskutiert,[13] wobei „Schulleben" der umfassendere Begriff ist und nicht bloß außerunterrichtliche Elemente, sondern die „erzieherische Grundausrichtung allen

---

[9] Vgl. Karlheinz Burk, Claus Claussen, *Zur Methodik des Lernens außerhalb des Klassenzimmers*, S. 18, in: Karlheinz Burk, Claus Claussen (Hrsg.), *Lernorte außerhalb des Klassenzimmers II. Methoden, Praxisberichte, Hintergründe* (Frankfurt a. M.: 1981) (Beiträge zur Reform der Grundschule, Bd. 49), S. 18-41; ausführlicher vgl. Karlheinz Burk, Claus Claussen, *Lernorte außerhalb des Klassenzimmers. Didaktische Perspektiven*, S. 16-19, in: Karlheinz Burk, Claus Claussen (Hrsg.), *Lernorte außerhalb des Klassenzimmers I. Didaktische Grundlegung und Beispiele* (Frankfurt a. M.: 1980) (Beiträge zur Reform der Grundschule, Bd. 45), S. 5-25.
[10] Vgl. z. B. Melanie Ohde, Karl A. Wiederhold, *Mit Grundschulkindern das Kunstmuseum entdecken* (Donauwörth: 1994), S. 9. Die gebotene Kürze der Arbeit lässt es nicht zu, aber diese Schlagworte müssten eigentlich auf ihre problematischen kulturkritischen Implikationen hin untersucht werden und auf die darin enthaltene naive Modernitätskritik. Dringend geboten wäre auch eine Kritik der gerade in der Lehrerausbildung um sich greifenden „Lerntypentheorie", für die jede empirischen Nachweise fehlen und die auf bloßer Spekulation beruht. Dankenswerterweise erstmals Kritik an ihr wird geübt in Hans-Jürgen Pandel u. a. (Hrsg.), *Handbuch Methoden im Geschichtsunterricht* (Schwalbach/Ts.: 2004), S. 51 f.
[11] Vgl. Joachim Rohlfes, *Geschichte und ihre Didaktik* (Göttingen: ²1997), S. 307. Insofern verfolgt die Arbeit einen handlungsorientierten Ansatz – auch wenn der Ausdruck im Titel bewusst vermieden wird, weil zu diskutieren sein wird, ob die gewählten Aktionsformen dies im engeren Sinne sind –, denn „Handlungsorientierung" in einem weiteren Sinn impliziert auch die Handlungen ermöglichende Dimension, und der Museumsbesuch soll sich als lebensbedeutsam erweisen und die Schüler zum touristischen Handeln für die Zeit nach der Schule befähigen.
[12] Vgl. z. B. Petra Gerster, Christian Nürnberger, *Erziehungsnotstand. Wie wir die Zukunft unserer Kinder retten* (Berlin: 2001).
[13] So auch die *Richtlinien und Lehrpläne*, S. 28.

schulischen Handelns umfasst".[14] Und wie im Zusammenhang mit dem Thema „Schulleben" so stellt sich auch hinsichtlich des Themas „außerschulischer Lernort" die Frage, ob und inwieweit Schule und Staat überhaupt eine Erziehungsfunktion zukommen.[15] Dem Lehrer, der der Auffassung ist, dass Schule primär den Auftrag hat, Wissen im weitesten Sinn zu vermitteln, und dass Erziehung die ureigenste Aufgabe der Familie ist, könnte der skizzierte Erziehungsnotstand eigentlich egal sein; er könnte argumentieren, dass Schule und Staat nicht in jede Bresche springen sollen, die durch häusliche Versäumnisse entsteht, sie es auch gar nicht können, weil für Erziehung ein Konsens über Werte notwendig ist, den ein weltanschaulich neutraler Staat nur schwerlich finden kann. Und dennoch muss sich der Lehrer, der Klassen wie die beschriebene unterrichten möchte, eingestehen, dass ein gewisses Maß an erzieherischem Engagement notwendig ist, soll Unterricht überhaupt erst stattfinden können. Ein solcher Lehrer liest daher mit Interesse, welch weiterer positiver Effekt dem Verlassen des Klassenraums zugesprochen wird. Es ist das gemeinsame Gruppenerlebnis, es sind die intensiveren Sozialkontakte, die im Schulbetrieb gerade zwischen dem Lehrer und den Schülern leicht vernachlässigt werden. Ruf bringt diesen Gesichtspunkt mit folgenden Worten auf den Punkt: „Wir alle wissen, dass der herkömmliche Unterricht im Klassenraum zur Entfaltung eines ausgewogenen Sozialverhaltens nicht immer den geeigneten Rahmen bietet."[16] An die Stelle der den Schulunterricht formenden disziplinierenden Elemente treten auf der Exkursion andere Kohäsionskräfte, indem die Schüler in der fremden Umgebung aufeinander angewiesen sind, aufeinander warten und Anschluss an die Gruppe halten müssen oder etwa aufgrund der Verkehrsmittel pünktlich sein müssen. Führt nicht der Lehrer durchs Museum, sondern ein „Experte" des Museums, rückt der sonst übliche Wissensvorsprung des Lehrers in den Hintergrund. Das eingeschliffene Rollenverhalten kann dadurch möglicherweise aufgelockert werden.[17] Will der Lehrer allerdings nicht alles dem Museumsexperten überlassen – dessen bessere Sach- und Ortskenntnis steht die bessere Kenntnis des Lehrers von seiner Klasse gegenüber –, bietet sich ja auch das „Teamteaching" an. Der Lehrer könnte auch zusammen mit seinen Schülern eine Museumsrallye durchführen und wäre dann wie seine Schüler in der Rolle des lernenden Laien. Auf diese Weise ergeben sich im Idealfall partnerschaftliche Arbeits- und Gesprächssituationen. Durch all diese Perspektiven eröffnet sich u. U. gerade zu einer schwierigen Lerngruppe ein neuer Zugang. In Kapitel 3.1.2. wird im Einzelnen darzulegen sein, was schon im Vorfeld unternommen wurde, um Konflikte innerhalb der Lerngruppe möglichst auszuschließen und im Museum die angesprochenen Kohäsionskräfte wirksam werden zu lassen.

2.2. Perspektiven für das historische Lernen – die Begegnung mit Sachzeugnissen

Läge dem Lehrer nur seine Funktion als Erzieher im Sinn, könnte er einen beliebigen außerschulischen Lernort aufsuchen, die ihm alle bezüglich den von ihm verfolgten erzieherischen Zielen in

[14] Wittenbruch 1995, S. 122.
[15] An dieser Stelle wäre ein schulgeschichtlicher Exkurs zum Thema „Schulleben" aufschlussreich. In der Antike z. B., als der Lehrer dem Banausen gleichgestellt war, wäre es undenkbar gewesen, dass er auch erzogen hätte. Von Dionysios II., dem gestürzten Tyrannen von Sizilien, wird gesagt, er sei am Ende noch Lehrer geworden, sozusagen als Tiefpunkt seines sozialen Abstiegs.
[16] Eugen Ruf, *Sinnliche Erfahrung, gemeinsame Erlebnisse*, S. 5, in: Karlheinz Burk, Claus Claussen (Hrsg.), *Lernorte außerhalb des Klassenzimmers II. Methoden, Praxisberichte, Hintergründe* (Frankfurt a. M.: 1981) (Beiträge zur Reform der Grundschule, Bd. 49), S. 5-17.
[17] Vgl. Rohlfes 1997, S. 303.

ähnlicher Weise entgegenkämen. Der Lehrer, dem darüber hinaus das historische Lernen im Sinn liegt, sieht sich mit einer erheblich engere Auswahl an außerschulischen Lernorten konfrontiert; zu nennen sind hier v. a. die historische Landschaft, der historische Bau, Stadterkundungen, Gedenkstätten, Kriegsgräber, Konfessions-, Sprach oder Kulturgrenzen, Archive, Bibliotheken und – last, not least – das Museum.

Im Museum wird man v. a. Quellen in Form von Sachzeugnissen begegnen, deshalb soll auf dieses Genre genauer eingegangen werden. Auch vor dem Hintergrund, dass die geschichtsdidaktische Literatur beklagt, bei der Geschichtslehrerausbildung komme der Umgang mit Bildquellen und alten Gegenständen gegenüber dem Umgang mit Textquellen zu kurz,[18] erscheint es sinnvoll, sich über die Sachquellen Klarheit zu verschaffen. Die Ausführungen sind über den Museumsbesuch hinaus anwendbar, nämlich immer dann, wenn der Lehrer auch im „normalen" Unterricht Sachquellen einsetzt, und das „Handbuch Medien im Geschichtsunterricht" appelliert an den Lehrer, auch im Unterricht vermehrt Sachquellen einzusetzen.[19] Es bemängelt, dass die meisten Autoren, die überhaupt auf die unterrichtliche Verwendung von gegenständlichen Quellen eingingen, vorschlügen, sie in Museen oder auf Exkursionen aufzusuchen, statt zu erwägen, dass historische Gegenstände auch – von Schülern wie Lehrern – mit in den Unterricht gebracht werden könnten.[20] Die Ausführungen gelten ferner nicht nur für den Museumsbesuch, sondern auch den Archivbesuch, geht man wie etwa Hey davon aus, dass man sich bei den dort untergebrachten Akten und Urkunden nicht nur für die Textaussage, sondern auch für ihre Gegenständlichkeit interessiert (z. B. Schrift, Beschreibstoff, Siegel, Stempel, Flecke, Einrisse, Handvermerke, Streichungen, Verbesserungen).[21]

2.2.1. Typen von Sachzeugnissen

Mobile und immobile Sachzeugnisse

Zunächst müssen mobile und immobile Sachzeugnisse unterschieden werden. Für die immobilen gilt, dass sie im Museum oder an ihrem Standort aufgesucht werden müssen. Die mobilen können (theoretisch) mit in die Schule gebracht werden – was überdenkenswert ist angesichts des v. a. zeitlichen Aufwands eines Museumsbesuchs; denn bliebe der Einsatz von Sachquellen auf Museumsbesuche beschränkt, wäre er sicher höchst selten. Allerdings können auch mobile Gegenstände oft nicht in die Schule mitgebracht werden, wenn sie selten und wertvoll sind und nicht so ohne weiteres ohne Vitrine etc. verliehen werden können. Pandel und Schneider weisen darauf hin, dass zahlreiche Museen Schulen sog. Museumskoffer, die Nachbildungen von besonders bedeutsamen Ausstellungsstücken enthalten, verleihen.[22] Der Museumskoffer wie die seltener anzutreffenden Museumsbusse und wie mobile Ausstellungen von Museen gehören zu einer „Museumspädagogik, die

---

[18] Vgl. etwa Detlef Hoffmann, *Geschichtsunterricht und Museen*, S. 490, in: Klaus Bergmann u. a. (Hrsg.), *Handbuch der Geschichtsdidaktik* (Seelze-Velber: [4]1992), S. 489-492.

[19] Vgl. Hans-Jürgen Pandel, Gerhard Schneider (Hrsg.), *Handbuch Medien im Geschichtsunterricht* (Schwalbach/Ts.: 1999), S. 509 f.

[20] Vgl. ebd., S. 512.

[21] Vgl. Hey 1978, S. 9.

[22] Vgl. Pandel und Schneider 1999, S. 513 und die dortige Anmerkung 10.

das Museum verlässt" und die deshalb für Schulen interessant sein könnte, weil sie u. U. zur Schule selbst kommt.[23] Mit diesen Vorteilen konkurrieren allerdings die in Kapitel 2.1. erwähnten Vorteile eines außerschulischen Lernortes.

Naturprodukte und Artefakte, Tradition und Überrest

Eine noch in Kapitel 3.1.1. im Zusammenhang mit der Museumstypologie anzusprechende Unterscheidung ist die zwischen Naturprodukten und Artefakten. Erstere sind dem naturkundlichen bzw. naturhistorischen Museumstyp zugeordnet, letztere dem Museumstyp „Kunst- und Kulturmuseum" bzw. „Kunsthistorisches Museum" (in der weiten Begriffsdefinition, s. u.). Artefakte werden nochmals unterteilt. Die Unterscheidung ist die, die auch hinsichtlich schriftlicher Quellen getroffen wird, nämlich die in absichtlich bzw. willkürlich überlieferte und unbeabsichtigt bzw. unwillkürlich überlieferte Quellen, in Tradition und Überrest.[24] Hinsichtlich der gegenständlichen Quellen entspricht dieser Unterteilung die Unterscheidung von Gegenständen, die schon immer für die Nachwelt bestimmt waren, und solchen Gegenständen, die für einen gegenwärtigen Zweck angelegt wurden und nicht mit der Absicht, die Nachwelt zu unterrichten. In der Literatur werden nahezu als Synonyme zu „Tradition" vs. „Überrest" die Begriffe „Kunstgegenstände" vs. „Realien"[25] und „Semiophoren" vs. „Gebrauchsgegenstände" verwendet.[26] Diese Klassifizierung wird man schwerlich bei Fünftklässlern einer Hauptschule anbringen können, für die Selbstvergewisserung des Lehrers sind diese Bemerkungen hingegen unerlässlich.

2.2.2. Chancen der Arbeit mit historischen Sachzeugnissen

Illustration

Augenscheinlich ist die illustrierende Funktion von Sachquellen, d. h. die Aufgabe, Farbe in die Geschichte zu bringen. Marc Bloch schreibt in seinem Buch „Apologie der Geschichte oder Der Beruf des Historikers", das in die Quellenanalyse einführt, dass man die Gegenwart aus der Vergangenheit verstehen könne und müsse. Dann sagt er aber auch, dass man die Vergangenheit aus der Gegenwart verstehen müsse:[27]

Es bedarf einer harten Anstrengung der Vorstellungskraft, alten Texten Leben einzuhauchen – hier, im Heute, ist das Pulsieren des menschlichen Lebens direkt greifbar. Oft und oft habe ich Berichte von Kriegen und Schlachten gelesen und erzählt. Wüsste ich wirklich im Vollsinn des Wortes „wissen", was es für eine Armee bedeutet, eingekreist zu werden, und was es für ein Volk bedeutet, besiegt zu werden, wenn ich nicht zuvor selbst diese grässliche Erfahrung gemacht hätte? Was das schöne Wort „Sieg" alles enthält, wusste ich das wirklich, bevor ich während des Sommers und Herbstes 1918 erleichtert aufatmete? [...] In Wahrheit sind es ja immer unsere täglichen Erfahrungen, denen wir letzten Endes die Elemente zur Darstellung der Vergangenheit entlehnen und die wir dazu mit den erforderlichen Schattierungen versehen. Selbst die Begriffe, die wir zur Charakterisierung vergangener seelischer Zustände und entschwundener

---

[23] Marie-Louise Schmeer-Sturm, *Museumspädagogik. Geschichte*, in: *CD-Rom der Pädagogik* (Hohengehren: 1996).

[24] Vgl. Heinrich Theodor Grütter, *Geschichte im Museum*, S. 708, in: Klaus Bergmann u. a. (Hrsg.), *Handbuch der Geschichtsdidaktik* (Seelze-Verlber: [5]1997), S. 707-713.

[25] Vgl. Hoffmann 1992, S. 489.

[26] Vgl. Grütter 1997, S. 707.

[27] Marc Bloch, *Apologie der Geschichte oder Der Beruf des Historikers*, hrsg. v. Lucien Febvre, aus dem Franz. übertr. v. Siegfried Furtenbach, rev. durch Friedrich J. Lucas (Stuttgart: [3]1992), S. 56 f.

Gesellschaftsformen verwenden, ergäben für uns keinen Sinn, wenn wir nicht zuvor gesehen hätten, wie Menschen leben. Da ist es noch hundertmal besser, wenn man an die Stelle dieses unbewussten Durchdrungenseins die bewusste und kontrollierte Beobachtung setzt. Ein großer Mathematiker wird vermutlich nicht weniger bedeutsam sein, wenn er mit geschlossenen Augen durch die Welt geht, in der er lebt. Aber der Gelehrte, der kein Gefallen daran findet, die Menschen, Dinge und Ereignisse um ihn herum wahrzunehmen, verdient vielleicht [...] ein guter Antiquar geheißen zu werden. Auf die Bezeichnung Historiker sollte er besser verzichten.

Bloch bezeichnet als die Haupteigenschaft des Historikers die Auffassungsgabe dem Leben gegenüber.[28]

Der Gedankengang Blochs an sich ist interessant, hier soll aber nur der Gedanke herausgegriffen werden, dass Bloch sagt, es sei sehr schwierig, alten Texten und dem Vergangenen überhaupt Leben einzuhauchen, ihm die Farbe zurückzugewinnen. Bloch sagt deshalb, man müsse das gegenwärtige Leben genau beobachten, um das vergangene zu verstehen. Jedenfalls hat der Geschichtsunterricht hiernach starken Illustrationsbedarf. Und dabei erweisen sich die Sachquellen als äußerst hilfreich, denn sie erleichtern es, Gewesenes im Bewusstsein zu reproduzieren.[29] Sie sind auch deswegen sehr hilfreich, das Gewesene in den Köpfen der Schüler zu reproduzieren, weil sie – anders als das Papier mit abgedruckten Quellen und Sekundärtexten – dreidimensionale Ausdehnung haben und vermitteln können, dass Geschichte neben der zeitlichen eine räumliche Dimension hat.[30]

Nicht von der Hand zu weisen ist allerdings die Einschränkung Rohlfes, dass „das gegenwärtige Erscheinungsbild [...], soll es zutreffende historische Vorstellungen erzeugen, gedanklich in die oft sehr andersartige Zuständlichkeit und Umwelt früherer Zeiten transportiert werden [muss]".[31] Als die größte Barriere bezeichnet Hey „die Stummheit der Objekte".[32] Sie rührt v. a. daher, dass „die historischen Zusammenhänge", so formuliert es Hoffmann, „in der Ausstellung zerstört [sind]".[33] Sturm weist darauf hin, dass gerade für das Museum, das eigentlich das Vergangene bewahren wolle, die Gefahr bestehe, dass es den Bruch mit der Geschichte vorantreibe: „Das Museum selbst zersetzt unter Umständen Traditionen."[34] Sie spricht sogar von einer „Enthistorisierung" im Museum.[35] Ebenso problematisch wie die Stummheit der Objekte ist es, wenn die Objekte so reden, dass sie verfälschen. Die Art der Darstellung bringt möglicherweise „die Gefahr einer romantisierenden Verfälschung" mit sich.[36] Ein Hakenpflug, der, gesäubert und imprägniert, in einer Vitrine ausgestellt wird, macht eine andere Aussage als einer, den der Jungsteinzeit-Bauer durch den Acker führte.

---

[28] Vgl. ebd., S. 56.
[29] Unverständlich ist, warum Pandel und Schneider 1999, S. 513, gerade Bildquellen diese Funktion zuschreiben und sie v. a. auf diese Funktion beschränken, denn für Bildquellen dürfte das unter „Emanzipation" Aufgeführte doch gleichermaßen wie für gegenständliche Quellen gelten.
[30] Vgl. Hey 1978, S. 23.
[31] Rohlfes 1997, S. 305.
[32] Hey 1997, S. 728.
[33] Hoffmann 1992, S. 490.
[34] Eva Sturm, *Konservierte Welt Museum und Musealisierung* (Berlin: 1991), S. 43.
[35] Ebd.
[36] Karl Pellens, *Historisches Museum und Museumsdidaktik*, S. 22, in: Wilhelm van Kampen, Hans Georg Kirchhoff (Hrsg.), *Geschichte in der Öffentlichkeit. Tagung der Konferenz für Geschichtsdidaktik vom 5. bis 8. Oktober 1977 in Osnabrück* (Stuttgart: 1979) (Anmerkungen und Argumente zur historischen und politischen Bildung, Bd. 23), S. 17-33.

Die im Museum ausgestellten Sachzeugnisse müssen also erst wieder zum Sprechen gebracht werden. Rohlfes macht einen interessanten Vorschlag, um diesen Prozess bei den Schülern in Gang zu setzen: „Informationen und Anschauung mögen sich zu einem Gesamteindruck verbinden, in dem das eine das andere trägt: Die Anschauung ruft die Vorstellung herbei, die Vorstellungen erfüllen die Anschauung mit historischem Leben."[37] Damit ist bereits ein ganz wichtiges Kriterium benannt für die Beurteilung des Arrangements und der Beschriftung der Gegenstände in einem Museum, für die Auswahl der Aktionsform im Museum und – sollte man sich wie im Fall des Museums Bottrop für Forscherbögen entscheiden – für die Gestaltung solcher Bögen. Letztere beispielsweise müssen so konzipiert sein, dass sie die Schüler anregen, sich die Fertigung und auch die Funktionsweise des Gegenstandes vorzustellen, und sich nicht – etwa durch eine zu hohe Textlastigkeit – zwischen den Schüler und Gegenstand stellen und diesen vom Gegenstand ablenken.[38]

Emanzipation

Die erwähnte Funktion von Sachquellen und damit die Funktion eines Museumsbesuchs scheint auf der Hand zu liegen, nämlich illustrieren zu helfen. Ein anderer Aspekt ist weniger offenkundig, er findet sich aber z. B. in einem allgemeindidaktischen Buch unter dem Kapitel „Visualisierung".[39] Hiernach fungieren Sachquellen im Museum nicht bloß als Illustration des Unterrichts, sondern sie emanzipieren den Schüler gegenüber dem Lehrer. Lenz-Johanns warnt: „Das Museum darf nicht mit einer Lehrmittelsammlung verwechselt werden."[40] Wenig später gibt er zu bedenken: „Selbsttätigkeit und Emanzipation sind ernst zu nehmende Lernziele."[41] Diesen Gesichtspunkt herauszustellen dürfte einem Lehrer helfen, den Museumsbesuch zu rechtfertigen, der sich mit dem Vorwurf konfrontiert sieht, der Besuch eines außerschulischen Lernortes mit seiner intendierten primären sinnlichen Erfahrung und Erlebnishaftigkeit (s. Kap. 2.1.) sei eine Absage an die Rationalität.[42] Im Folgenden soll beleuchtet werden, wie das Museum mit seinen Sachquellen sich geradezu dadurch auszeichnet, dass es die Kinder zur Rationalität und kritischen Prüfung anregt.

Der Schüler lernt an Sachquellen Geschichte nicht mehr nur auf die bloße Autorität des Lehrers hin, er eignet sich nicht länger nur die autoritativen Einsichten des Lehrers an, sondern kann anhand der Anschauung selbst Erkenntnisse gewinnen, er kann selbsttätig Wissen erwerben. Interessant ist, dass gerade die Historiker der Aufklärung, die den verstärkten Quelleneinsatz forderten, das mit diesem Argument begründeten. Die Forderung der Aufklärung war es ja, von seiner Vernunft Gebrauch zu machen und nicht etwas zu glauben, bloß weil es eine Autorität sagt. Diese Forderung übertrug man auf die Haltung gegenüber historischen Darstellungen. So schrieb der Historiker Danz 1798: „Und es kann anfangs schon genug sein, wenn man seinen Schülern nur einen Wink gibt, dass historische Berichte untersucht und geprüft werden müssen, [sic!] und dass man

[37] Rohlfes 1997, S. 307.
[38] Vgl. Hey 1978, S. 52.
[39] Vgl. Ingbert von Martial, Jürgen Bennack, *Einführung in schulpraktische Studien. Vorbereitung auf Schule und Unterricht* (Baltmannsweiler: [6]2000), S. 80 f.
[40] Martin Lenz-Johanns, *Differenzen im Verhältnis von Schule und Museum?*, S. 407, in: Klaus Weschenfelder, Wolfgang Zacharias, *Handbuch Museumspädagogik. Orientierung und Methoden für die Praxis* (Düsseldorf: [3]1992 (überarb. Neuaufl.)), S. 402-413.
[41] Ebd.
[42] Vgl. Ohde und Wiederhold 1994, S. 10.

nicht gleich jede Erörterung glauben dürfe."[43] Im Zuge der Restauration nach dem Wiener Kongress 1815 wurde dann die sog. „Selbsttätigkeit", die v. a. eine verstärkte Quellennutzung im Unterricht implizierte, regelmäßig verboten, was eindrücklich die Brisanz des Quelleneinsatzes zeigt.[44]

Die Emanzipationsfunktion von Geschichte scheint heute im Grundsatz unbestritten zu sein. Bergmanns Ausführungen über die Möglichkeiten, durch Geschichtsunterricht Emanzipation zu fördern, lassen im Wesentlichen zwei Aspekte erkennen: Einerseits führt der Geschichtsunterricht Emanzipationsversuche der Vergangenheit vor, die – auch abhängig von den historischen Bedingungen – gelangen oder fehlschlugen.[45] Zum anderen nennt er aber als Möglichkeit der Emanzipation im Geschichtsunterricht „neue Präsentationsformen von Geschichte, die nach Maßgabe des Möglichen vermeiden, den Lernenden Geschichte als fertiges Produkt vorzuführen, vielmehr so angelegt sind, dass die Lernenden zu *eigenständigen und durchaus kontroversen Rekonstruktionen* der sie betreffenden Vergangenheit kommen können."[46] Aus diesen Bemerkungen lässt sich ein weiteres Kriterium gewinnen, das es bei der Auswahl des Museums zu beachten gilt: Sind die Gegenstände und Beschriftungen so arrangiert, dass sie der Deutung des Schülers Raum lassen? Wie ist der Duktus des Museumsführers oder des Forscherbogens, apodiktisch oder so, dass der Schüler angeregt wird, seine eigene Rekonstruktion vorzunehmen? Gerade Museen zur Paläontologie müssten sich daraufhin überprüfen lassen, ob die häufig anzutreffende Unsicherheit bei der Datierung zugegeben wird.

Ein Museumsbesuch, der mehr als die Illustration des im Unterricht vermittelten Wissens sein möchte, müsste Schüler überdies dafür sensibilisieren, dass im Museum nur eine Auswahl von Sachzeugnissen zu sehen ist und welche Kriterien bei dieser Auswahl maßgeblich waren. Ein solches Kriterium, das auch einer fünften Klasse schon zu vermitteln ist – der Forscherbogen der Gruppe 3 versucht dies –, ist die unterschiedliche Materialbeschaffenheit der Objekte. Holz z. B. verfault in einer feuchten Umgebung, Obst ebenso usw. Scheinbar banal, aber nicht unbedeutend ist ferner der Gesichtspunkt, dass sich die größeren Gegenstände anders als die kleineren oft noch an ihrer ursprünglichen Stelle befinden, zumal wenn sie widerstandsfähig sind und ein aufwendiger Transport und eine teure Unterbringung im Museum nicht erforderlich oder unmöglich ist, etwa im Falle ganzer Schlösser, Kirchen oder Rathäuser.[47] Für die beschriebene Klasse und Altersstufe sicher (noch) nicht geeignet ist folgender Vorschlag aus der Literatur. Er erscheint nichtsdestotrotz erwähnenswert, weil die Ausführungen den Lehrer auch einer fünften Hauptschulklasse, der auf der Suche nach einem geeigneten Museum ist, sensibilisieren können für die in dem Museum getroffene Auswahl von Sachzeugnissen und die der Auswahl zugrundegelegten Auswahlkriterien. So schlägt Hoffmann vor, der Lehrer solle mit seinen Schülern eine Besichtigung des Magazins ma-

[43] Johann Traugott Leberecht Danz, *Über den methodischen Unterricht in der Geschichte auf Schulen* (Leipzig: 1798), S. 65.
[44] Vgl. Hans-Jürgen Pandel, *Quelleninterpretation. Die schriftliche Quelle im Geschichtsunterricht* (Schwalbach/Ts.: 2000), S. 76 f.
[45] Vgl. Klaus Bergmann, *Emanzipation*, S. 238, in: Klaus Bergmann u. a. (Hrsg.), *Handbuch der Geschichtsdidaktik* (Seelze-Velber: [4]1992), S. 236-239.
[46] Ebd.
[47] Vgl. Hey 1978, S. 9.

chen, um damit den Schülern „die Relativität der allgemein zugänglichen Schausammlung [zu] vermitteln".[48] Dieser Besichtigung folgen könnte dann die Frage nach den Absichten und Interessen des Museums, die die Auswahl und auch Darstellungsweise beeinflusst haben. Pellens geht so weit, hinsichtlich bestimmter Gegenstände von einem „Politikum" zu sprechen.[49] Er schlägt bezüglich städtischer Museen z. B. vor, sie darauf hin zu prüfen, wo sie Konzeptionen bestimmter Mehrheitsverhältnisse im Rathaus wiederspiegelten. So lege eine „bürgerliche" Fraktion u. U. mehr Wert auf die Darstellung der glanzvollen reichsstädtischen Geschichte, während eine den heutigen Unterschichten verpflichtete Fraktion möglicherweise das Gewicht der Darstellung mehr auf den Kampf und das Elend der Unterschichten in vergangener Zeit lege.[50] Ferner zu bedenken ist, dass die Ursprünge des Museums im Selbstdarstellungsbedürfnis der Fürsten liegen. Dementsprechend stellen Museen traditionell v. a. das Schöne, Ruhmbringende und Positive dar, wie Pellens bemerkt.[51] Sollten heutige Museen auch noch in dieser Tradition verhaftet sein, würde das dem Interesse des Historikers und des Geschichtsunterrichts auch an dem Durchschnittlichen und Repräsentativen, eben der Alltagsgeschichte, entgegenstehen. So könnte es sein, dass von 10 verwendeten Exemplaren eines Gegenstandes nur das wertvollste erhalten und ausgestellt ist, das fehlerhafte und Gebrauchsspuren aufweisende aber ausgeschieden ist.[52] Die Interessen von Fürsten dürften bei heutigen Museumserrichtungen keine Rolle mehr spielen. Zu fragen ist aber möglicherweise verstärkt nach den kommerziellen Interessen der Träger. Gerade bei Museen, die v. a. als Touristenattraktion konzipiert sind, müsste man thematisieren, inwiefern hier die Besucherorientierung möglicherweise dem sachlichen Anspruch Abbruch tut. Hat ein Museum eine Museumsgeschichte, werden sich Interessen und Konzeptionen verschiedener Zeiten überlagern. In der Oberstufe wäre es sicher ein interessantes Projekt, der Geschichte eines Museums, seiner Interessensgeschichte und der Geschichte seiner Ausstellungskonzeption, nachzuspüren. Hierbei würden dann nicht allein die Exponate von Quellenwert sein, sondern die Museumskonzeptionen als solche hätten historischen Quellenwert für ihre Entstehungszeit.[53]

Methodenlernen

Eng zusammen mit den vorherigen Bemerkungen zur emanzipierenden Funktion des Quelleneinsatzes hängt der Aspekt des Methodenlernens. Wie wichtig Methodenlernen für den Geschichtsunterricht ist, zeigen die „sieben Todsünden" der Quelleninterpretation von Pandel. Ironisierend bemerkt er: „Vermeiden Sie Methodenlernen. Machen Sie die Schüler und Schülerinnen nicht mit den methodischen Schritten einer Quelleninterpretation und dem theoretischen Rüstzeug (hermeneutischer Zirkel, Wirkungszusammenhang, Perspektivität, inhaltsanalytische Verfahren) vertraut. Sie geben sonst eines Ihrer wichtigsten Steuerungsmittel aus der Hand, und die Schüler und Schülerin-

---

[48] Hoffmann 1992, S. 491.
[49] Pellens 1979, S. 20.
[50] Vgl. ebd., S. 21.
[51] Ebd., S. 21. Pellens Bemerkungen beziehen sich allerdings auf das Jahr 1977. Zu fragen bleibt, ob sich das bis heute nicht doch erheblich verändert hat. Das Buch ist trotz seines Alters von Interesse, weil es aus der Zeit stammt, wo sich die Museumsdidaktik zu entwickeln begann.
[52] Vor diesem Hintergrund scheint Heys Aussage, die Exkursion – und damit nach seiner Begriffsbestimmung auch der Museumsbesuch – eigne sich besonders zum exemplarischen Arbeiten, nur bedingt Gültigkeit zu haben (vgl. Hey 1978, S. 13).
[53] Vgl. Pellens 1979, S. 21.

nen könnten sonst ohne ihre Hilfe die Quellen entschlüsseln."[54] Wie anhand von schriftlichen Quellen können die Schüler auch anhand von gegenständlichen Quellen unterscheiden lernen zwischen absichtlich und unabsichtlich überlieferten Quellen. Sie können den unterschiedlichen Quellenwert beider Quellengattungen kennen lernen. Gerade an Gegenständen zeigt sich, weil sie für sich genommen kaum eine Auskunft, geschweige denn Kausalitäten kundtun, wie wichtig Vorkenntnisse, Vergleiche und von vornherein Fragen an die Quelle sind. Dass die Interpretation gegenständlicher Quellen schwieriger ist als die rein schriftlicher, darin sind sich die Geschichtsdidaktiker weitgehend einig.[55] Interessant ist aber, dass mit dem höheren Schwierigkeitsgrad nicht die Motivation und das Interesse der Schüler abnimmt, wie man es möglicherweise erwartet hätte. Die größere Motivationskraft der gegenständlichen Quelle wiegt die erhöhte Erschließungsschwierigkeit auf bzw. überwiegt diese sogar.[56]

Ohne Zweifel ist es wichtig, dies bei der Planung des Museumsbesuchs zu beachten; auf die Problematik der Stummheit der Objekte wurde bereits eingegangen. Was das Methodenlernen angeht, sollte der Lehrer an die fünfte Klasse dieser Schulform allerdings nicht allzu hohe Erwartungen stellen und sich zufrieden geben, wenn die Schüler – u. U. mehr unbewusst als bewusst – den Vergleich als Methode kennen und ihr Vorwissen bei der Identifizierung steinzeitlicher Funde schätzen lernen. Selbst wenn der Schüler das in der Schule vermittelte oder das sich privat angeeignete Wissen nur mit einer farbigeren Vorstellung verknüpfen würde, wäre damit ein nicht zu unterschätzendes Lernziel, das der Illustration, wie gezeigt wurde, erklommen.

Emotionen

Auch angesichts der Tatsache, dass der Geschichtsunterricht Emotionen möglicherweise zu wenig anspricht, erweisen sich gegenständliche Quellen als vorteilhaft. Hinsichtlich der Emotionen ist es sicher auch sinnvoll, wenn der Lehrer die Schüler auffordert, eigene (gegenständliche) Quellen mit in den Unterricht zu nehmen. Hinsichtlich der Steinzeit dürfte sich das schwierig gestalten, anders als etwa hinsichtlich der Zeit, die die Großeltern der Schüler noch miterlebt haben. Was für viele Gegenstände aus dieser Zeit typisch ist, etwa Kriegsorden oder Feldpost, dass sie nämlich mit Tod, Lebensgefahr und Extremsituationen in Verbindung stehen, muss auch für die Exponate eines Museums gelten: Sie müssen bei den Schülern Emotionen provozieren. Im Museum wird die Emotionalität zwar nie ganz so ausgeprägt sein wie bei Objekten aus der familiären Überlieferung, aber etwa ein Richtschwert zu sehen, mit dem der Scharfrichter einst die verurteilten Delinquenten vom Leben zum Tod beförderte, wird die meisten Schüler durchaus berühren.[57] Gerade ein Museum, das

---

[54] Pandel 2000, S. 191.
[55] Vgl. z. B. Rohlfes 1997, S. 303, oder Hey 1978, S. 14 f. Allerdings bedacht werden sollte, dass sich gegenständliche Quellen dadurch gegenüber schriftlichen auszeichnen, dass sie anders als Texte nicht linear strukturiert sind und nicht nur einen Zugriffspunkt haben, nämlich den Textanfang.
[56] Vgl. Hey 1978, S. 71.
[57] Beispiel entnommen aus Pandel und Schneider 1999, S. 514. Das Museum erweist sich gegenüber von Schülern mitgebrachten Objekten insofern als vorteilhaft, als es zumeist die Datierung, die Herkunft und die Funktion des Objektes gesichert angeben kann.

sich als tauglich für eine fünfte Klasse erweisen soll, müsste mit solchen Sachzeugnissen aufwarten können, die die Schüler emotional tangieren.[58]

3. Der Museumsbesuch in Bottrop
3.1. Die Planungs- und Vorbereitungsphase
3.1.1. Die Auswahl des Museums

Der Lehrer muss zunächst ein geeignetes Museum ausfindig machen. Zur Hilfe kommen kann ihm dabei möglicherweise das Internet mit speziellen Museumssuchmaschinen.[59] In dem in dieser Arbeit beschriebenen Museumsbesuch verdankt der Lehramtsanwärter einem Kollegen den Hinweis auf das Museum „Quadrat" in Bottrop. Dem Hinweis folgte eine erste Vorexkursion, um zu prüfen, ob und inwiefern das Museum das innerschulische Lernen unterstützen kann.

Bei einer solchen Vorexkursion kann sich der Lehrer nicht auf seine Intuition verlassen. Er benötigt ein handfestes Instrumentarium, mit dem er die in Frage kommenden Museen einer kritischen Prüfung unterziehen kann. Da kommt ihm zunächst einmal die in der Literatur zu findende Museumstypologie zur Hilfe. Ebenso kontrovers wie das Verhältnis von Schule und Museum im Allgemein wurde nämlich in der Vergangenheit das Verhältnis von Geschichtsunterricht und verschiedenen Museumstypen diskutiert. Unterschieden werden i. d. R. das Historische Museum, das Kunst- und Kulturmuseum bzw. das Kunst- und Kulturhistorisches Museum, das Naturkundliche bzw. das Naturhistorische Museum, das Technikmuseum, das Orts- und Heimatmuseum wie das Regional- und Landesmuseum, das Völkerkundemuseum und das Freilichtmuseum.[60] Das Historische Museum ist in Deutschland, wie Rohlfes betont, selten, aber es ist auch schwer zu bestimmen, was darunter zu verstehen ist.[61] Die Bezeichnung „Kunst- und Kulturmuseum" bzw. „Kunst- und Kulturhistorisches Museum" scheint von den Geschichtsdidaktikern in unterschiedlichen Bedeutungen verwendet zu werden. Hoffmann versteht unter dem Kulturhistorischen Museum den Museumstyp, der nicht zwischen Realien und Kunstgegenständen unterscheidet und beides ausstellt;[62] hier wird der Begriff in Abgrenzung vom Naturgeschichtlichen Museum verwendet. Rohlfes' Ausführungen

---

[58] Vor dem Hintergrund der Relevanz von Emotionen gerade im Geschichtsunterricht erscheint folgende Bemerkung von Rohlfes geradezu abwegig und elitär, mit der er sich gegen Walter Benjamins Auffassung wendet, Objekten sei eine „Aura" eigen: „Insofern darf der handfeste Ertrag von Besichtigungen nicht zu hoch veranschlagt werden. Der nicht-professionelle Betrachter (nur von diesem ist die Rede) trägt oft nicht mehr als ungefähre Eindrücke und pauschale Vorstellungen mit nach Hause und mag sich, wenn es hochkommt, von der schwer auf den Begriff zu bringenden Aura des Historischen angerührt fühlen" (Rohlfes 1997, S. 303). Überboten wird diese Aussage noch, wenn Rohlfes warnt, der normale Zuschauer laufe „Gefahr, von den vielen Eindrücken überwältigt zu werden" (ebd., S. 306).

[59] Museumssuchmaschinen, mit denen man Museen in ganz Deutschland oder eingeschränkt auf einzelne Bundesländer und unter Angabe eines Stichwortes suchen kann, sind z. B. unter folgenden Internetadressen zu finden: <http://webmuseen.de> (22.03.05) und <http://www.museuminfonet.de> (22.03.05).

[60] Vgl. z. B. Hildegard Vieregg u. a. (Hrsg.), *Museumspädagogik in neuerer Sicht. Erwachsenenbildung im Museum*, Bd. 1, *Grundlagen, Museumstypen, Museologie* (Baltmannsweiler: 1994), S. 145-305.

[61] Vgl. Rohlfes 1997, S. 304. Zu diskutieren wäre, ob dort nur die politische Geschichte und allenfalls noch Gesellschaftsgeschichte ausgestellt wird, d. h. die „große" Geschichte, die Welt-, Europa- und Nationalgeschichte. Damit ergäbe sich die Schwierigkeit, die großen historischen Zusammenhänge darstellen zu müssen und dass Geschichte dieser Art weniger anschaulich ist.

[62] Vgl. Hoffmann 1992, S. 489.

lassen erkennen, dass er unter dem Ausdruck v. a. Museen versteht, die Kunstwerke ausstellen.[63] Denn besuche der Geschichtslehrer ein solches Museum, werde das Verhältnis von Geschichtsunterricht und Kunst-, Kultur- und Geistesgeschichte berührt. Laut Rohlfes ist deren Stellenwert zu einem Randthema im Geschichtsunterricht herabgesunken, Kunstwerke hätten nur noch illustrative Funktion und keine heuristische mehr, lediglich die Bedingungen ihrer Produktion und Rezeption interessierten. Der Museumstyp des Naturkundlichen bzw. Naturhistorischen Museums stellt das Pendant zu dem Museumstyp „Kunst- und Kulturmuseum" bzw. „Kunst- und Kulturhistorisches Museum" dar. Der Unterscheidung entspricht die Unterscheidung von gegenständlichen Quellen in Naturprodukte und Artefakte (s. o., Kap. 2.2.1.). Die fürstlichen Sammlungen, die sog. „Kunst- und Wunderkammern", enthielten noch beides. Seit dem 18. Jahrhundert trennte man dann zunehmend die beiden Gattungen in unterschiedlichen Museumstypen.[64]

Das Museum „Quadrat" in Bottrop vereint drei völlig unterschiedliche Museumstypen unter einem Dach. Zum einen beherbergt es eine Dauerausstellung mit Werken von Josef Albers. Des weiteren sind hier Wechselausstellungen, vornehmlich mit Werken konstruktivistischer Künstler, untergebracht. Das dritte Museum trägt die Bezeichnung „Museum für Ur- und Ortsgeschichte". Das Museum besteht aus einem 1976 errichteten, sich aus drei Quadraten zusammensetzenden Gebäude, einem weiteren, 1983 errichteten Gebäude und schließlich einem Altbau, der ehemaligen Oberbürgermeistervilla.[65] Die Albers-Ausstellung ist in dem neuesten der Gebäude untergebracht, die Wechselausstellung in einem der drei Quadrate. Das „Museum für Ur- und Ortsgeschichte" ist in einem der Quadrate untergebracht sowie auf einer Etage der alten Villa. Die beiden externen Gebäude, also der Bau von 1983 und die alte Villa, sind über Glasbrücken mit dem Hauptgebäude verbunden. Die Bezeichnung „Museum für Ur- und Ortsgeschichte" verschweigt, dass es sich auch hierbei um die Zusammenführung denkbar unterschiedlicher Sujets handelt. Im Altbau ist zum einen die Stadtgeschichte Bottrops dokumentiert. Dann gibt es, ebenfalls im Altbau, eine naturkundliche Ausstellung, in der die Flora und Fauna der Region auf recht anschauliche Weise dargestellt wird und mit einem technischen Aufwand, den das geschichtliche Museum vermissen lässt; so kann man sich etwa zu den verschiedensten präparierten Vögeln Vogelstimmen anhören. In dem gläsernen Verbindungsgang zwischen den beiden Gebäuden gibt es außerdem eine umfangreiche Mineraliensammlung. Die Erdgeschichte, v. a. die Kreide- und Karbonzeit, wird ebenfalls in der ehemaligen Villa dokumentiert. Die eigentliche Steinzeit-Ausstellung ist auf beide Gebäude aufgeteilt. Der Neubau, eines der drei Quadrate, ist als „Eiszeithalle" gestaltet. Hier dreht sich alles um die Eiszeit. Am auffälligsten sind die großen Skelette von Mammut, Wollnashorn, Höhlenbär, Elch und Waldwisent. Ins Auge fällt ferner die große, per Knopfdruck verstellbare Schautafel zur Gletschergrenze und deren Verschiebung sowie die riesige Nachbildung eines Fährtenhorizonts. In der Mitte der Eiszeithalle befindet sich eine Art Empore. Dort sind die Artefakte aus dieser Zeit ausgestellt. Im Altbau geht es weiter mit steinzeitlichen Artefakten. Am auffallendsten ist hier das große Modell einer jungsteinzeitlichen Siedlung. An den Steinzeitraum im Altbau schließen sich zwei

[63] Vgl. Rohlfes 1997, S. 303. Heinrich Theodor Grütter, „Geschichte im Museum", S. 14, *Geschichte lernen* 14 (1990), S. 14-19, weist zurecht auf die Problematik dieser strikten Definition hin: Kunstgegenstände hätten in der damaligen Zeit einen höheren Gebrauchs- als Kunstwert gehabt haben können und auch ihren Status verlieren können, während Gebrauchsgegenstände in den Rang von Kunstgegenständen hätten aufsteigen können.
[64] Vgl. Hoffmann 1992, S. 489.
[65] Vgl. „Josef Albers Museum Quadrat" <http://www.fh-bochum.de/fb1/af-iba/718af.html> (22.03.05).

weitere Räume an. Begeht man den einen, ist man mitten in der Stadtgeschichte Bottrops, begeht man den anderen, ist man in der Bronzezeit.

Versucht man den für die Exkursion relevanten Museumsteil anhand der oben skizzierten Typologie zu klassifizieren, ist er zugleich natur- und kulturhistorisches Museum (letzteres in der weiten Definition, s. o.), das Naturprodukte wie Artefakte beherbergt. Den großen Vorzug dieser Mischform kann man sich leicht vor Augen führen, besichtigt man die Mineraliensammlung oder die erdgeschichtliche Ausstellung. Beides hat nicht annähernd die Faszinationskraft wie die Exponate, die dem Schüler sozusagen Witterung geben, dass hier Menschen zugegen waren. Und Artefakte ermöglichen es auch erst, der Forderung gerecht zu werden, wie sie schon im Titel der Arbeit anklingt, nämlich Alltagsgeschichte zu betreiben. Auch wenn die Reaktionen der Schüler für den Berufsanfänger nur schwer im Voraus abzuschätzen sind, das als Gütekriterien für Museen erarbeitete Merkmal, nämlich Gegenstände auszustellen, die Emotionen wecken, schien das Museum „Quadrat" allein schon mit dem imposanten riesigen Mammutskelett aufzuweisen.

Dass unter den Artefakten auch Kunstgegenstände sind, könnten einige Didaktiker als Problem betrachten, denn dieser Umstand wirft die Frage auf, ob man nun bei einem vom Geschichtsunterricht ausgehenden Museumsbesuch den Gegenstand auch in seiner ästhetischen Dimensionen zu erfassen hat. Hoffmann formuliert noch 1992: „Die ästhetische Codierung der Objekte stellt eine besondere Schwierigkeit dar."[66] Andere Autoren scheinen keine eindeutige Zuordnung von Gegenstandstypen und Lernbereichen anzustreben. Gerade bei einem fächerübergreifend angelegten Museumsbesuch sollen dann historisches Lernen, ästhetisches Lernen, technisch naturwissenschaftliches Lernen, soziales und politisches Lernen und – etwa im Völkerkundemuseum – interkulturelles Lernen ineinander greifen.[67] Die Kunstgegenstände, auch wenn ihre ästhetische Dimension bei diesem Besuch nicht eigens zum Thema gemacht wird, führen den Schülern zumindest vor Augen, dass die Realität nicht wirklich so segmentiert ist, wie es die Fächertrennung der Schule bisweilen suggeriert.

Die Museumsbezeichnung deutet schon den lokalgeschichtlichen Bezug an, und er zieht sich durch alle Bereiche des Museums. Beispielsweise zu realisieren, dass das meterhohe Mammut in den hiesigen Breiten zu Hause war, dürfte die Schüler beeindrucken, wie auch die Städte des Gletscherrandes (Kleve, Xanten, Wesel, Düsseldorf usw.) für die Schüler eine Bedeutung haben dürften.

Den Ausschlag für dieses Museum gab ferner die Tatsache, dass es von Kamp-Lintfort aus über die Autobahn sehr schnell zu erreichen ist. Die Buskosten würden sich daher auf 7 Euro pro Kind belaufen.[68] Eine Fahrt etwa ins Neandertal-Museum nach Mettmann würde erheblich mehr kosten,

---

[66] Hoffmann 1992, S. 490. Einen lebhaften Eindruck von der Diskussion in den 70er Jahren bietet Hey 1978, S. 81-83, insbesondere S. 81: „Viele tradierte Zeugnisse unserer Kultur sind so sehr von der Kunstgeschichte und den Kunsthistorikern mit Beschlag belegt worden, dass der Historiker sich kaum noch traut, mit seinen Fragestellungen an sie heranzutreten und sie als historische Quelle zu nutzen."

[67] Vgl. Marie-Louise Schmeer-Sturm, *Museumspädagogik. Lernbereiche und Methoden*, in: *CD-Rom der Pädagogik* (Hohengehren: 1996).

[68] Zu diesen ganz praktischen Überlegungen finden sich nützliche Hinweise bei Karlheinz Burk, Claus Claussen, *Auswertung der Umfrage „Lernorte außerhalb der Schule"*, S. 166-178, in: Karlheinz Burk, Claus Claussen

die Frage 4 des zweiten Teils der Umfrage hatte überdies ergeben, dass etliche Kinder dieses Museum schon kennen. Wer das Klientel der Hauptschule ein wenig kennen gelernt hat, der ist sich bewusst, dass viele Kinder nicht im Überfluss leben. Aus diesem Grund sehr zu begrüßen ist auch, dass es sich bei dem Museum „Quadrat" um ein nichtkommerzielles Angebot handelt. Die Kosten würden aus diesem Grund aus den reinen Buskosten bestehen.[69] Überdies würde man, was die Auswahlkriterien der Museumsleitung betrifft, nicht argwöhnisch zu sein brauchen (s. o., Kap. 2.2.2.)

3.1.2. (Schul)organisatorische Voraussetzungen

Schulorganisatorisch müssen bestimmte Voraussetzungen für einen Museumsbesuch geschaffen werden. Dazu gehört, sich angesichts des aus dem Kaiserreich stammenden Stunden- bzw. Dreiviertelstundenrhythmus' des Unterrichts genügend Zeit von den Kollegen der anderen Fächer zu erbeten – ein Museumstyp, der einen fächerübergreifenden Museumsbesuch zulässt, wird dem Geschichtslehrer dabei helfen, und Stahmer z. B. ist der Auffassung, dass alle Museen vielen Fächern etwas zu bieten haben, fächerübergreifende Ansätze drängten sich geradezu auf.[70] In dem hier beschriebenen Fall würden die ersten beiden Stunden ganz regulär stattfinden, weil das Museum erst um 10.00 Uhr öffnet. Fächerübergreifend wurde insofern gearbeitet, als der Klassenlehrer mit den Schülern eine Bildergeschichte erarbeitet hatte, die im Geschichtsunterricht zum Anlass genommen wurde, Verhaltensregeln für einen solchen Besuch zu erarbeiten.

Wenn ein Museumsbesuch die normale Unterrichtszeit überschreitet, wirft dies das Problem auf, dass die Schüler, die mit dem Schulbus zur Schule gekommen sind, aufgrund der Zeitbegrenzung des Schulbusbetriebs nicht mehr nach Hause gelangen. Der Museumsbesuch war zwar so geplant, dass die Klasse pünktlich zum regulären Schulschluss wieder an der Schule sein sollte, aufgrund der Unwägbarkeiten des Straßenverkehrs wurden die Eltern aber schriftlich darauf aufmerksam gemacht, dass es zu einer Verspätung kommen kann.[71]

Ein Elternbrief erschien außerdem ratsam, um die Eltern frühzeitig über die Kosten der Exkursion zu informieren. Der entsprechende Erlass der obersten Schulaufsicht, die „Richtlinien für Schulwanderungen und Schulfahrten", schreiben dies zwar nur für mehrtägige und solche Veranstaltungen vor, die mit „erhöhten finanziellen Belastungen" verbunden sind. Auch sind die Schüler wäh-

---

(Hrsg.), *Lernorte außerhalb des Klassenzimmers II. Methoden, Praxisberichte, Hintergründe* (Frankfurt a. M.: 1981) (Beiträge zur Reform der Grundschule, Bd. 49), S. 164-195; dort werden 8 Problemkreise außerschulischer Lernorte unterschieden, die Problemkreise „Unterrichtszeit", „Wegstrecke/Transport", „Disziplin", „Kompetenz und Rolle des Lehrers", „Struktur der didaktischen Situation am Lernort", „Medien als Alternative zur Realbegegnung am Lernort", „Schulorganisation", „Lernorte außerhalb der Schule als historisches Relikt".
[69] Die Wanderrichtlinien weisen ausdrücklich darauf hin, dass die Kosten für Schulwanderungen und -fahrten möglichst niedrig zu halten sind (vgl. Ministerium für Schule, Jugend und Kinder (Hrsg.), *Bereinigte Amtliche Sammlung der Schulvorschriften 2004/2005* (Düsseldorf/Frechen: 2004), S. 14/13, § 2.2.).
[70] Vgl. Ingrid Stahmer, *Vorwort*, S. 6, in: *Schule und Museum. Vom Nutzen des Museums für die Schule. Anregungen für den Unterricht in den Fächern Geschichte, Deutsch, Physik, Bildende Kunst, Erdkunde/Sachkunde*, hrsg. v. museumspädagogischen Dienst Berlin in Zusammenarbeit mit der Senatsverwaltung für Schule, Jugend und Sport und dem Außenamt der Staatlichen Museen zu Berlin, Preußischer Kulturbesitz (Berlin: 1998), S. 6.
[71] Der befürchtete Fall trat ein, denn der Bus geriet in einen Stau und hatte ungefähr eine halbe Stunde Verspätung. Für die vier Buskinder war das allerdings unproblematisch: E. ging zu Fuß nach Hause, S. und D. waren vorsorglich mit dem Fahrrad gekommen und S. wurde an diesem Tag von seinem Vater abgeholt.

rend der ganzen Exkursion unter der Aufsicht sowohl des Geschichts- wie des Klassenlehrers; erforderlich wäre für diese Art der Exkursion sicher nur eine Begleitperson.[72] Eine rechtsverbindliche Zustimmung ist daher eigentlich nicht erforderlich,[73] dennoch wurde ein Elternbrief verfasst, nicht zuletzt um die Eltern über die Zielsetzung des Museumsbesuchs in Kenntnis zu setzen.

Für die Genehmigung von Schulfahrten durch den Schulleiter gibt es an der Niersenberg Hauptschule ein unkompliziertes Verfahren. Am schwarzen Brett des Lehrerzimmer hängt das entsprechende Formular, das der Lehrer auszufüllen hat. Die Schulleiterin signiert das Formular dann von sich aus.

Angesichts der beschriebenen, was die Disziplin betrifft, recht lebhaften Klasse zu den ganz wichtigen organisatorischen Vorbereitungen gehörte auch das Erarbeiten von Regeln, wie man sich in einem Museum zu verhalten hat. Die Klasse selbst hatte in Frage 9 des zweiten Teils der Umfrage mehrheitlich Bedenken geäußert, dass sich die Klasse auf einem Ausflug angemessen benehmen kann. Um Regeln zu erarbeiten, wurde die vom Klassenlehrer in Deutsch behandelte Bildergeschichte aufgegriffen, die von einer Familie erzählt, die ein Mammutskelett besichtigt.[74] Der unbeaufsichtigte Hund macht sich an dem Skelett zu schaffen, das schließlich unter großem Getöse zusammenbricht. In der Geschichtsstunde am Tag vor dem Museumsbesuch wiederholten die Schüler diese Geschichte mit Hilfe einer OHP-Folie. Sie waren anschließend aufgefordert, auf ausgeteilte Zettel jeweils eine Regel zu schreiben, die helfen würde, ähnliche Unglücke im Museum „Quadrat" zu vermeiden. Die Zettel hefteten sie danach an die Tafel und versuchten gleichzeitig die Regeln zu Gruppen zu sortieren. Es folgte ein Unterrichtsgespräch, in dem die Essenz der zahlreichen Regeln noch einmal herausgestellt wurde; für die eigentlich geplante Verschriftlichung auf einem Plakat reichte die Zeit nicht mehr. Im Wesentlichen wurden folgende Regeln erarbeitet – das Problematische der Aufgabe immanenten Vergleichs der Schüler mit einem Hund schien glücklicherweise niemand bemerkt zu haben: „Leise sein", „nicht rennen", „hinter der Absperrung bleiben", „nicht drängeln", „nichts anfassen, was man nicht darf".

Weil der Unterrichtsgang mindestens ebenso sehr wie fachliche Ziele das Ziel verfolgen sollte, das Sozialklima zu verbessern und Kohäsionskräfte freizusetzen, musste ein erhebliches Konfliktpotential unbedingt schon im Vorfeld vermieden werden, nämlich die Konflikte, die die Aufteilung der Klasse in Gruppen mit sich bringen würde. Die Gruppenaufteilung sollte daher schon im Unterricht erfolgen. Um die als schwierig beschriebenen Schüler auf die Gruppen aufzuteilen und in jeder Gruppe einen leistungsstarken Schüler unterzubringen, wurden weder Neigungs- noch Zufallsgruppen gebildet, sondern bestimmte der Lehrer, wer mit wem zusammenarbeiten würde. Auch die Zuordnung der unterschiedlichen Arbeitsaufträge zu den fünf Gruppen würde im Museum der Lehrer vornehmen. Das ermöglichte es, eine Gruppe mit leistungsschwachen Schülern zusammenzustellen, die dann den erheblich leichteren Forscherbogen „Unterwegs in der Eiszeit" würde bearbeiten können. Zweifellos wichtig ist es, die Schüler mit zunehmendem Alter in die Vorbereitung und

---

[72] Die Schulverordnung fordert, die Aufsichtsmaßnahmen von der jeweiligen konkreten Situation abhängig zu machen (vgl. BASS, S. 12/3, § 12).
[73] Vgl. BASS, S. 14/14, § 5.2. u. 6.1.
[74] Vgl. R. Brauer u. a., *Wortstark 5. Themen und Werkstätten für den Deutschunterricht* (Hannover: 1996), S. 160.

21

Organisation einer Exkursion einzubinden. Die Didaktiker geben aber einmütig zu bedenken, dass sich der Grad der Einbindung nach dem Alter und den Erfahrungen der Schüler richten muss.[75] In das Ermessen der Schüler der Klasse 5b wurde daher gestellt, wer von den vier oder fünf Gruppenmitgliedern sich für die zu vergebenden besonderen Funktionen am besten eignen würde. Zu vergeben waren die Aufgaben des Fotografen, des Zeichners, des Zeitwächters und des Aufpassers; in Gruppen mit fünf Schülern gab es zwei Zeichner.[76] Der Fotograf würde die Verantwortung für den Einwegfotoapparat sowie die Ablichtung all der Gegenstände tragen, die für die Gruppe und ihren speziellen Arbeitsauftrag relevant waren. Während jeder Schüler den Forscherbogen ausfüllen sollte, wenn es um schriftliche Aufgaben ging, wurden die Zeichner beauftragt, die zeichnerischen Aufgaben für die gesamte Gruppe zu erledigen. Der Zeitwächter sollte darauf achten, dass Zeitvorgabe und Arbeitspensum stimmig waren,[77] während der Aufpasser beobachten sollte, ob sich alle an der Arbeit gleichermaßen beteiligten.

3.1.3. Die inhaltliche Vorbereitung

Die Positionen zu der Frage, in welchem Verhältnis Schule und Museum zueinander stehen bzw. zu stehen haben, klafften in der Vergangenheit weit auseinander. Noch 1988 schrieb Rietschel, es könne im Museum nie darum gehen, umfangreiche Lerninhalte zu vermitteln. Die Schule sei eine „Lern-Schule", das Museum eine „Schule des Sehens", die die „Lern-Schule" nur um die visuellen Angebote ergänze. Das Museum sei an sich keine pädagogische Einrichtung. Schulklassen stellten eben nur eine von vielen Besuchergruppen dar, und so sei es falsch, Museumsarbeit einseitig auf die Bedürfnisse von Schulklassen abzustellen.[78] Eine versöhnlichere Position hingegen nimmt etwa Lenz-Johannes ein, der zwar eine Arbeitsteilung der beiden Institutionen Schule und Museum fordert, aber doch von einer „bewusst getrennten und differenzierten Zusammenarbeit zwischen den Institutionen" spricht.[79]

In der Tat wird man vom Museum nicht verlangen können, dass es sich ganz und gar am Curriculum des Fachs Geschichte auszurichten hat. Einen „deutlichen Bezug zum Unterricht" fordern aber die Wanderrichtlinien für Schulwanderungen und -fahrten.[80] Die Pflicht des Lehrers ist es also, genau zu untersuchen, wie sich das Museum zu den im Lehrplan vorgeschriebenen Inhalten verhält

---

[75] Vgl. z. B. Schreiber 1999, S. 33.

[76] Schreiber schlägt hingegen vor, „dem größten Rabauken die Kamera anzuvertrauen und ihm Dokumentationsaufgaben zu geben" (ebd.).

[77] Kontrovers diskutiert wird in der Literatur, ob der Zeitdruck und Wettbewerb, wie er bei Museumsrallyes entsteht, einer intensiven Auseinandersetzung nicht entgegenwirkt (vgl. Andreas Urban, *Geschichtsvermittlung im Museum*, S. 378, in: Hans-Jürgen Pandel u. a. (Hrsg.), *Handbuch Methoden im Geschichtsunterricht* (Schwalbach/Ts.: 2004), S. 370-387). Weil jede Gruppe unterschiedliche Arbeitsaufträge hatte und keine Wettbewerbssituation bestand, schien diese Gefahr gebannt zu sein.

[78] Vgl. Siegfried Rietschel, *Museum und Schule*, S. 154, 156 f., in: Thelma von Freymann (Hrsg.), *Am Beispiel erklärt. Aufgaben und Wege der Museumspädagogik* (Hildesheim u. a.: 1988) (Hildesheimer Beiträge zu den Erziehungs- und Sozialwissenschaften. Studien, Texte, Entwürfe, Bd. 29), S. 153-160. Rietschel geht folglich davon aus, dass Sachquellen nur illustrierende Funktion haben. Aspekte, wie sie in Kapitel 2.2.2. (Kap. „Emanzipation") angesprochen werden, liegen anscheinend außerhalb seines Blickfeldes. Bestätigt wird dieser Eindruck auf S. 159, wo Rietschel sagt, der Unterricht der Schule werde im Museum „mit Anschauungsmaterial in den Museen [gewürzt]".

[79] Lenz-Johanns 1992, S. 413.

[80] Vgl. BASS, S. 14/13, § 1.

und wie die Schüler auf den Besuch inhaltlich vorbereitet sind oder noch vorzubereiten sind. In dem hier beschriebenen Fall bildet der Museumsbesuch und seine Nachbereitung den Abschluss der Lerneinheit, aber auch wenn er als Einstieg fungiert oder während einer Unterrichtseinheit geplant ist, ist eine gründliche Vor- und Nachbereitung vonnöten, wenn auch die Intensität der Vor- und Nachbereitung davon abhängt, wo der Museumsbesuch platziert ist.

Das Thema der Unterrichtsreihe war insofern von den „Richtlinien und Lehrplänen" vorgegeben, als diese als Grundprinzip der Gliederung der Inhalte im Fach Geschichte glücklicherweise an dem chronologischen Prinzip festhalten.[81] Nach dieser prinzipiellen Festlegung werden dann einzelne Gegenstandsbereiche aufgeführt, und der erste dieser Gegenstandsbereiche ist betitelt mit „Spezialgebiet Faustkeile".[82] Die Konkretisierung der Inhalte dieses Gegenstandsbereichs bleibt recht allgemein, sodass dem Unterrichtenden ein relativ großer Entscheidungsspielraum bleibt, was die Schwerpunktsetzung betrifft. Die schuleigenen Lehrpläne der Hauptschule nehmen daher folgende Konkretisierung vor, indem sie einzelne (Stunden)themen benennen: „die ersten Menschen", „Jäger und Sammler", „Lebensformen (Horde)", „Waffen und Werkzeuge", „Kunst und Religion", „die Menschen werden sesshaft", „die Jungsteinzeit", „die Bronzezeit", „neue Berufe", „die Eisenzeit", „Üben und Wiederholen".[83] Im Wesentlichen wurden diese Vorgaben befolgt, außer dass das Thema „Kunst und Religion" nicht behandelt wurde, stattdessen recht ausführlich die steinzeitliche Tierwelt. Fernerhin nicht behandelt wurde die Eisenzeit, dafür recht ausführlich die Bronzezeit und die mit ihr einhergehende Arbeitsteilung. Die Übungs- und Wiederholungsstunden wurden zwischen den Abschluss des Themas „Jungsteinzeit" und den Beginn des Themas „Bronzezeit" platziert. Diese Unterrichtsreihe folgte aufgrund der Quellenlage beinahe per se der geschichtsdidaktischen und sich auch in den Lehrplänen wiederfindenden Forderung nach Berücksichtigung der Alltagsgeschichte.[84]

Der *erste der fünf Forscherbögen* handelt von den klimatischen Verhältnissen der Eiszeit und knüpft thematisch direkt an zwei Unterrichtsstunden an, die unter der Überschrift „Leben wie im Kühlschrank" standen. Neu für die Schüler sind die Ausdrücke „Findling" bzw. „Geschiebe" und „Tundra". Die hiernach in dem Forscherbogen zu benennenden Tiere sind den Schülern allesamt aus der handlungsorientierten Sequenz zur steinzeitlichen Tierwelt bekannt, als sie aus Schuhkartons und Pappe mit Steinzeittieren darauf sog. „Steinzeitzoos" gestalten sollten. *Gruppe 2* befasst sich mit den Werkzeugen und der Werkzeugherstellung in der Steinzeit. Dies knüpft an an die Unterrichtsstunde, in der sich die Schüler mit der Herstellung des Faustkeils und den unterschiedlichen Funktionen von Faustkeil, Schaber, Steinmesser und Bohrer befasst haben.[85] Die Abschlagtechnik für die Klingenherstellung ist allerdings neu für die Schüler. Die übrigen Aufgaben erfordern keine besonderen Vorkenntnisse und sind lösbar, wenn die Schüler intensiv suchen. Schwierig

---

[81] Vgl. *Richtlinien und Lehrpläne*, S. 54, 62.
[82] Ebd., S. 72.
[83] *Arbeitspläne für das Fach Geschichte-Politik, entsprechend den Richtlinien für den Lernbereich Gesellschaftslehre* (Kamp-Lintfort: 1990) (unveröffentlicht, Archiv der Hauptschule am Niersenberg).
[84] Vgl. *Richtlinien und Lehrpläne*, S. 58. Das eigentliche Argument für Alltagsgeschichte, Geschichte „von unten" zu betrachten, findet sich allerdings – vermutlich irrtümlicherweise – im Kapitel „Geschichte vor Ort" (Kap. 4.3.).
[85] Vgl. G. Dellmann u. a., *Wir und unsere Vergangenheit 1. Von der Vorgeschichte bis zur Demokratie der Griechen. 5. Klasse* (Bochum u. a.: o. J.), S. 6. L. Frenken u. a., *Durchblick. Geschichte/Politik 5/6. Hauptschule Nordrhein-Westfalen* (Braunschweig: 2001), S. 42.

gestaltet sich der Eintrag in die Zeittabelle. Zeitleisten sind den Schülern allerdings daher bekannt, dass sie ganz zu Anfang des Schuljahres eine Zeitleiste zu ihrer persönlichen Geschichte angefertigt haben. Ihre Gegenstände in die gleiche Zeitleiste einzutragen war auch Aufgabe von *Gruppe 3*. Thematisch knüpfte dieser Forscherbogen an die Unterrichtsstunden zur Bronzezeit an. Die Schüler haben das gegenüber der Steinzeit neue Material bereits mit der Beschaffenheit von Stein verglichen und Vorteile benannt,[86] insofern ist der Vergleich des Bronzespeers mit dem Steinspeer für sie – in der Terminologie der Lernzielstufen ausgedrückt – eher eine Reproduktionsleistung, nicht jedoch der Vergleich mit dem Holzspeer. Der Forscherbogen der *vierten Gruppe* trägt den Titel „Jagen und Jagdbeute in der Steinzeit". Zwar beschäftigte sich eine Stunde unter dem Thema „Überleben in den Eiszeiten" mit den unterschiedlichen Tätigkeiten und „Berufen" in der Steinzeit, wobei das entsprechende, mit den Schülern erarbeitete Tafelbild neben Tätigkeiten wie „Fischen", „Holz und Beeren sammeln" auch das „Jagen und Zerlegen von Wild" enthielt.[87] Insofern gibt es Anknüpfungspunkte. Die Nutzung der einzelnen Bestandteile eines Tieres wurde aber nicht behandelt, sie ist daher neu für die Schüler dieser Gruppe. *Gruppe 5* dürfte es, was das nötige Vorwissen angeht, leicht haben. Zum einen liegt das Thema „neolithische Revolution" noch nicht so lange zurück, zum anderen wurden alle in diesem Forscherbogen genannten Aspekte ausführlich im Unterricht erarbeitet[88] und in einer Übungssequenz per Stationenlernen vertieft. Gespannt sein darf man allerdings, ob die Schüler die Frage zum Unterschied des Verhältnisses des Menschen zu Wolf und Pferd beantworten können, denn diese Thematik (Nahrungsspender vs. Nahrungskonkurrent) war in der Sequenz zur steinzeitlichen Tierwelt besprochen worden und lag schon längere Zeit zurück.

3.2. Die Arbeits- und Durchführungsphase im Museum
3.2.1. Die Schülerarbeitsform

In dieser Phase ist der Lehrer bzw. der Museumsexperte vor die Aufgabe gestellt, die „starre Front zwischen Objekt und Betrachter" zu überwinden.[89] Das kann, wie im Folgenden gezeigt werden soll, auf verschiedene Weise erfolgen. Urban nennt folgende Vermittlungs- und Aneignungsformen: die Führung, das Museumsgespräch, Audioguides, elektronische Informationssysteme, das Museumstheater sowie Zeitzeugengespräche als Formen der „Kommunikation über Geschichtszeugnisse", die Besucherinformationen, Arbeitsblätter bzw. Erkundungsbögen als „Textinformationen und Anleitungen zur selbsttätigen Erkundung von Geschichtsobjekten".[90] Von diesen die visuelle Auseinandersetzung anregenden Vermittlungsformen grenzt er die praktisch-handelnden Aneignungsformen ab. Hierzu zählt er u. a. das Betasten von Gegenständen, das Experimentieren mit historischen Werkzeugen und Nachmachen vergangener Tätigkeiten, das Verkleiden, das Spielen historischer Spiele, den Bau von Modellen, das Zeichnen, die Rekonstruktion von historischen Gegenständen, das Bauen von Standbildern und die szenische Umsetzung historischer Situationen, hier aber – anders als im „Museumstheater" – durch die Schüler selbst.[91]

---

[86] Vgl. ebd., S. 59.
[87] Vgl. ebd., S. 41.
[88] Vgl. ebd., S. 54, 56 f.
[89] Ehrenfried Kluckert, *Kunstführung und Reiseleitung. Methodik und Didaktik* (Oettingen: 1981), S. 174.
[90] Urban 2004, S. 372-377 u. S. 377-380.
[91] Vgl. ebd., S. 380-384.

24

Zunächst soll die Diskussion um das Für und Wider von Führung und selbständiger Erkundung aufgegriffen werden, dann die Frage nach dem handlungsorientierten Zugang. Im Grunde ist die Diskussion, ob die Führung oder die selbständige Erkundung vorzuziehen sei, dieselbe wie die um den lehrerzentrierten, instruktionsorientierten Unterricht und den schülerzentrierten, subjektorientierten Unterricht. Weil diese Diskussion hier nicht ausführlich entfaltet werden kann, fällt die eigene Standortbestimmung möglicherweise ein wenig kredohaft aus. Verfechter des eher subjektorientierten Unterrichts fordern – und sie berufen sich dabei häufig auf die psychologische Didaktik,[92] wiewohl die Diskussion älter ist und sich schon in der Diskussion um das Verhältnis von *res et verba* wiederfindet – eine aktive Auseinandersetzung mit den Lerninhalten. Der Lehrer gestaltet demnach nur noch eine anregende Lernumgebung und fungiert in der Hauptsache als Coache, der allenfalls Hinweise, Rückmeldungen und Empfehlungen gibt. Dass jeder Schüler nach seinem eigenen Lerntempo und seinem individuellen Lernweg lernen kann, ist wichtig. Vertreter des lehrerzentrierten Unterrichts hingegen betonen das Erfordernis des Lehrens, und das nicht zuletzt aufgrund der Einsicht, dass die Lebenszeit des Menschen begrenzt ist und er gar nicht alles selbst entdecken kann. Mit Wagner aus Goethes Faust argumentieren sie gewissermaßen: „Die Kunst ist lang, / Und kurz ist unser Leben."

Für das Museum „Quadrat" stellte sich die Frage, welche Vermittlungsform vorzuziehen sei, erst gar nicht, weil Führungen nicht angeboten werden und Forscherbögen käuflich sind, die auf Schüler zugeschnitten sind. Zwei Aspekte des – bisweilen mit Sicherheit überschätzten – selbsttätigen Lernens fallen bei der selbständigen Erkundung eines Museums allerdings positiv ins Gewicht: Bei der selbständigen Erkundung kann buchstäblich ein individuelles Tempo und ein individueller Weg gewählt werden. Man könnte befürchten, die Fülle an Exponaten überfordere die Kinder leicht. Lässt man die Kinder allerdings selbständig durch das Museum gehen, erweist sie sich möglicherweise gerade als Vorteil. Die Schüler können dort im Museum anfangen, wo sie einen Zugriff finden, weil sie bestimmte Interessen haben oder Vorwissen mitbringen. Die Vielzahl an Exponaten bietet also eine Chance, dass sich eine Schnittmenge zwischen Museum und dem Schüler findet. Von dort aus kann der Schüler dann auch an für ihn abwegigere Themen und Exponate herangeführt werden.

3.2.2. Die Schülerarbeitsmaterialien

Das Museum „Quadrat" bietet verschiedene Forscherbögen an. Für Kindergarten- und Grundschulkinder gibt es einen *Malbogen zur Höhlenmalerei*. Dann gibt es einen Arbeitsbogen, der mehr der *Orientierung im Museum* dient und Suchaufträge zu den verschiedenen Museumstypen enthält. Des weiteren gibt es Erkundungsbögen, auf denen die in der „Eiszeithalle" ausgestellten Skelette abgebildet sind. Die Schüler sind hierbei aufgefordert, die *Skelette genau zu untersuchen* und auf dem Bogen einzuzeichnen, welche Skelettteile vermutlich nachgebaut wurden. Anschließend sollen sie um die Skelette einen Umriss zeichnen. Überdies gibt es einen *Bogen zur „Eiszeithalle"*, insbesondere den Eiszeiten und der eiszeitlichen Tierwelt. Fünftens schließlich bietet das Museum eine *Zu-*

[92] Die Forderungen, die die psychologische Didaktik impliziert, finden sich konzise z. B. bei Hans Martin Trautner, *Lehrbuch der Entwicklungspsychologie*, Bd. 2, *Theorien und Befunde* (Göttingen: 1991), S. 226.

sammenstellung von sechs Forscherbögen an, die so konzipiert sind, dass eine Lerngruppe sich in sechs Gruppen aufteilen und jede Gruppe jeweils einen der in „schwer", „mittel" und „leicht" klassifizierten Bögen bearbeiten kann. Zu den sechs Bögen gehören jeweils sechs originale steinzeitliche Funde.

Die Bögen wurden zunächst sorgfältig gesichtet. Vor allem wurde geprüft, inwiefern sie die Schülern anregen, sich den ursprünglichen Verwendungszweck der Exponate zu vergegenwärtigen und Geschichte selber zu rekonstruieren, und ob die Diktion nicht zu belehrend ist. Von den sechs zusammengehörigen Bögen wurden nach sorgfältiger Sichtung vier ausgewählt. Zwei schieden aus, weil sie für die Zielgruppe zu schwer erschienen; erstaunlicherweise war einer der ausgesonderten Bögen vom Museum als „mittelschwer" klassifiziert worden. Weil die Klassenstärke fünf Gruppen erfordert, musste für einen der aussortierten Bögen Ersatz geschaffen werden. Sich problemlos integrieren zu lassen und von daher gut geeignet schien der Eiszeitbogen. Allen fünf Bögen und den eigentlichen Arbeitsaufträgen wurde jetzt noch jeweils ein Bogen des Skelett-Untersuchungs-Spiels vorangestellt, weil dies als ausschließliche Aufgabe für eine Gruppe zu einfach gewesen wäre und auf diese Weise ein leichter und vermutlich motivierender Einstieg konzipiert werden konnte. Der vorangestellte Bogen wurde als „Einstellungstest" für Steinzeitforscher deklariert. Die Bögen selbst mussten nun noch sorgfältig überarbeitet werden, weil einige Formulieren zu fachsprachlich klangen (z. B. der Titel „Neolithische Revolution") oder die Aufgabenstellung zu unkonkret für die Lerngruppe war (z. B. „Überlegt einmal, welches Verhältnis damals zwischen den Menschen und diesen Tieren bestand" geändert in „Waren die beiden Tiere Freund oder Feind des Menschen?"). Auf einer zweiten Vorexkursion ins Museum, bei dem alle fünf Forscherbögen durchgearbeitet wurden, um eventuelle Schwierigkeiten im Voraus aufzudecken, zeigte sich, dass es teilweise sehr schwierig war, die erforderlichen Gegenstände zu finden. Wo es erforderlich schien, wurden die Bögen daher um Hinweise auf den ungefähren Ausstellungsort erweitert.

Alle Gruppen hatten also zunächst einmal denselben Arbeitsauftrag an unterschiedlichen Tieren zu erledigen – so kam es zu keinem Gedränge vor einem Tier – und kamen dann zum Lehrer zurück, um sich die für die Bearbeitung ihres eigentlichen Bogens notwendigen Steinzeitfunde abzuholen. Die Gruppe *„Werkzeuge und Werkzeugherstellung"* erhielt zwei *Faustkeile* und zwei *Klingen*, die Gruppe *„Jagdwaffen und Jagd in der Steinzeit"* zwei *Speerspitzen aus Bronze*, die Gruppe *„Jagen und Jagdbeute in der Steinzeit"* zwei *Rentiergeweihstücke* sowie zwei *Mammutzähne*, die Gruppe *„Erfindungen in der Jungsteinzeit"* zwei *Wolfsschädel* und zwei *Pferdeknochen*; die *Eiszeit-Gruppe* bekam keine gesonderten Steinzeitfunde und befasste sich mit den ausgestellten Funden.

Vor dem Hintergrund des Spektrums an analytischen und handlungsorientierten Aktionsformen, die Urban für Museen vorstellt, stellt sich nun unwillkürlich die Frage, ob und inwieweit die hier gewählte Aktionsform handlungsorientiert ist. Mit Ausnahme der Eiszeit-Gruppe bekamen alle Gruppen Gegenstände, die sie anfassen durften. Sie waren auch aufgefordert, die Objekte auf verschiedene Weise zu fixieren, also zu skizzieren, zu umschreiben oder zu fotografieren.[93] In dem

---

[93] Die Auffassung Matthes, Foto- oder Videoaufnahmen seien völlig ungeeignet, weil sie auch festhielten, was von Schülern nicht gesehen werde, ist in ihrer Schärfe sicher nicht zu halten, denn gerade im Unterricht kann man

26

Bogen „Jagen und Jagdbeute" wurde eine Aktionsform ergänzt, die Urban unter den handlungsorientierten Formen nennt, nämlich das Nachstellen einer Jagdszene, und zwar in der Hoffnung, dadurch „statische Exponate", wie es Burk und Claussen formulieren, zu „dynamisieren".[94]

3.3. Die Auswertungsphase
3.3.1. Die Reflexion der Teamarbeit

Der Auswertungsphase kommt laut Burk und Claussen v. a. die Aufgabe zu, „das Geschehene zu ‚fassen', in Beziehung und Zusammenhang zu bringen, Eindrücke zu ‚verdichten' und zu strukturieren".[95] Unverkennbar ist, dass sie dabei nur fachliche Ziele vor Augen haben. In der unmittelbar auf den Museumsbesuch folgenden Stunde sollten die Schüler aber zunächst einmal ihren Gruppenarbeitsprozess bewerten. Diese Reflexion wurde der Reflexion des inhaltlichen Ertrags vorgezogen, weil der Eindruck sich vermutlich schneller verflüchtigen würde. Die Bewertung der Teamarbeit verfolgte dabei eine zweifache Zielsetzung: Zum einen sollten die Schüler dafür sensibilisiert werden, wie wichtig Teamarbeit ist, nämlich so wichtig, dass sie auch zum Thema im Unterricht gemacht wird. Zum anderen sollte die Bewertung dem Lehrer einen Einblick in die Prozesse innerhalb der einzelnen Gruppen liefern, sodass dieser abschätzen konnte, ob die Zielsetzung, die er mit dem Aufsuchen eines außerschulischen Lernortes verfolgt hatte, erreicht worden war. Erstmals in dieser Klasse zum Einsatz kam die „Zielscheiben-Methode", die den Schülern zunächst am OHP erläutert wurde, bevor dann jeder Schüler einzeln den Bogen auszufüllen hatte. Hiernach setzten sich die Schüler in ihrer Gruppe zusammen, um ihre Bewertung der einzelnen Aspekte zu vergleichen. Zwei Gruppen verstanden diese Anweisung wohl falsch und begannen ihre Ergebnisse innerhalb der Gruppe anzugleichen; zum Teil machten sie das noch wieder rückgängig, doch die Ergebnisse der Bewertung von Gruppe 2 und 4 haben nur einen eingeschränkten Aussagewert. Den Kategorien „voll zutreffend", „größtenteils zutreffend", „eher nicht zutreffend" und „gar nicht zutreffend" wurden für die Auswertung Werte von 1 bis 4 zugeordnet, um die Ergebnisse vergleichen zu können; die Werte dürfen dabei nicht als Notenwerte missinterpretiert werden. Zu der positivsten Einschätzung kamen die Schüler bei der Frage, ob sich alle für die gemeinsamen Aufgaben verantwortlich gefühlt hätten (1,4 im Durchschnitt). Gefolgt wird diese Einschätzung von der Bewertung der Frage, ob sich alle Schüler an die vereinbarten Regeln gehalten hätten (1,8). Hiernach folgt die Einschätzung der Fragen, ob zügig gearbeitet worden sei (1,9) und ob die Aufgabenverteilung gut funktioniert habe (2,0).

Aufschlussreicher ist es, sich die Bewertung der einzelnen Gruppen anzuschauen. Gruppe 1, 2 und 4 kommen alle im Mittel zu einer Bewertung von 1,7, Gruppe 3 zu einer Bewertung von 1,9 und Gruppe 5 zu einer Bewertung von 2,1. Dies deckt sich erstaunlich genau mit der Beobachtung, die

ja solche Details erst noch in den Aufzeichnungen entdecken; die Aussage gibt aber den durchaus nützlichen Hinweis, dass Umschreiben und Skizzieren u. U. eine höhere Verarbeitungsintensität der Schüler erfordern als das bloße Ablichten (vgl. Michael Matthes, *Einführung*, S. 13 f., in: *Schule und Museum. Vom Nutzen des Museums für die Schule. Anregungen für den Unterricht in den Fächern Geschichte, Deutsch, Physik, Bildende Kunst, Erdkunde/Sachkunde*, hrsg. v. museumspädagogischen Dienst Berlin in Zusammenarbeit mit der Senatsverwaltung für Schule, Jugend und Sport und dem Außenamt der Staatlichen Museen zu Berlin, Preußischer Kulturbesitz (Berlin: 1998), S. 9-19).
[94] Burk und Claussen 1981, S. 33.
[95] Ebd., S. 36.

man während des Museumsbesuchs machen konnte und die auch eine Durchsicht der Forscherbögen der einzelnen Gruppen ergibt. Die gute Zusammenarbeit in den Gruppen 2 und 4 lässt sich in den Forscherbögen daran ablesen, dass alle Gruppenmitglieder dieselben Antworten eintrugen und sogar denselben Wortlaut verwendeten. Gruppe 3 hatte sich während der selbständigen Erkundung in zwei Fraktionen aufgelöst (S. und V. vs. M. und G.); S. und V. hatten sich von den beiden anderen Gruppenmitgliedern Angst einjagen lassen, die gesagt hatten, dass es in der Villa spuke, und waren davongelaufen, zurück in die Eiszeithalle. Bei der Frage, was ihnen überhaupt nicht gefallen habe, schrieben alle Mitglieder der Gruppe 3, ihnen habe nicht gefallen, dass sich die Gruppe getrennt bzw. aufgelöst habe. In Gruppe 5 war gelegentlich Unmut aufgekommen, weil S. mit dem Fotografieren gelegentlich überfordert zu sein schien oder ein Selbstportrait dem Abfotografieren von Steinzeitgegenständen vorzog. Nach Protest aus der Gruppe hatte sie zu weinen begonnen. Alle befragten Schüler dieser Gruppe bezogen sich in der Antwort auf die Frage, was ihnen überhaupt nicht gefallen habe, auf den Vorfall; ein Schüler schrieb z. B.: „Nichts, außer dass meine Gruppe nicht so gut zusammengehalten hat. Dass S. nicht zu [sic!] viel heulen tut." Die Auswertung jedenfalls zeigt, dass die Gruppen die Qualität ihrer Teamarbeit schon recht realistisch einzuschätzen wussten.

3.3.2. Die Auswertung des inhaltlichen Ertrags

In der Literatur werden die verschiedensten Aktionsformen beschrieben, um den inhaltlichen Ertrag des Museumsbesuchs auszuwerten und zu sichern. Originell und im Sinne einer Geschichtsdidaktik, die Ernstfallsituationen fordert, wäre es, wenn Schüler einen eigenen Museumsführer oder eine eigene Museumszeitung erstellen würden. Hierbei motivierend und am Ende auch zufriedenstellend ist das Gefühl, etwas zu leisten bzw. geleistet zu haben, was über den Ertrag eines „normalen" Geschichtsunterrichts hinausgeht und auch von allgemeinem Interesse ist.[96] Den Museumsführer könnte man auch ins Internet stellen, er hätte damit zumindest potentiell ein weltweites Publikum. Weil der Museumsbesuch von Sachquellen bestimmt ist, ist auf die Möglichkeiten hinzuweisen, die das Basteln von Modellen bietet. Das „Handbuch Medien im Geschichtsunterricht" widmet dem Erstellen von Modellen ein eigenes Kapitel von 10 Seiten,[97] d. h., das Thema wird ernsthaft diskutiert. Rohlfes stellt als Vorteil von Modellen heraus, dass sie die „Erscheinungsfülle des Originals auf seine Grundverhältnisse reduzieren und eine wichtige Ergänzung und Stütze der unmittelbaren Anschauung" sind.[98] Schüler könnten auch Repliken, wie sie das Museum verwendet, selbst herstellen, etwa einen steinzeitlichen Bohrer oder Hakenpflug. In Sammelmappen können Texte, Bilder, Zeichnungen usw. dauerhaft aufbewahrt werden und von Zeit zu Zeit durchgesehen werden, um die Erinnerung wieder wachzurufen. Nicht zu vergessen ist schließlich das Unterrichtsgespräch, in dem Erlebnisse und Eindrücke ausgetauscht und in dem der eigene Lernfortschritt reflektiert werden kann.

Die Überlegungen zu der für diese Lerngruppe sinnvollsten Form für die inhaltliche Auswertung des Besuchs wurden flankiert von der Erfahrung, was man diesen Schülern und dieser Altersgruppe

[96] Vgl. Rohlfes 1997, S. 520.
[97] Vgl. Pandel und Schneider 1999, S. 580-590.
[98] Rohlfes 1997, S. 306.

zumuten kann, ohne sie zu überfordern. Die Entscheidung fiel daher für das Erstellen von Collagen, auf denen die Fotos, Zeichnungen und Notizen, die im Museum angefertigt worden waren, in Beziehung gesetzt werden sollten, und zwar so, dass auch Unbeteiligte Einblick in den Sachverhalt bekommen können.

Zunächst waren die einzelnen Gruppen aufgefordert, ihre Forscherbögen miteinander zu vergleichen und anhand der Anstreichungen des Lehrers zu überarbeiten. *Gruppe 1* hatte zwar nahezu alle Aufgaben fehlerfrei bearbeitet. Originell sind in dieser Gruppe v. a. die Begründungen für die Tiere, die ihnen am besten gefallen haben. Y. etwa hat sich für den Löwen entschieden, „weil der so stark ist und sehr schlau und er sich gut verteidigen kann". S. hat sich für das Mammut und den Lemming entschieden, denn „der Lemming ist so klein, und das Mammut ist so groß". Alle haben aber den Umriss um die Skelette in Aufgabe 1 vergessen zu zeichnen. *Gruppe 2* hat das Tier, dessen Skelett sie zu untersuchen hatten, nicht benannt und auch den Umriss vergessen zu zeichnen, ein starkes Indiz dafür, dass die Arbeitsanweisung nicht gründlich gelesen oder nicht verstanden wurde. Nicht bearbeitet wurde die Frage zum Unterschied von Abschlag- und Kerntechnik, und die Datierung der Gegenstände in der Tabelle fehlt. Die Arbeitsbögen von *Gruppe 3* weisen die größten Lücken auf; die mutmaßlichen Ursachen sind schon genannt worden, zudem weist der Fragebogen einige Schwächen auf, v. a. diejenige, dass die Fragen aufeinander aufbauen und die nachfolgende nicht gelöst werden kann, wenn die vorhergehende unbeantwortet bleiben musste. In dieser Phase der Überarbeitung brauchte diese Gruppe daher die besondere Anleitung des Lehrers. Ausgezeichnet bearbeitet wurden die Arbeitsaufträge der *Gruppe 4*. Die Gruppe hat beide Gegenstände exakt identifiziert und macht auch plausible Vorschläge für die Nutzung der Komponenten eines Tieres. In dieser Gruppe zeichneten alle Schüler die Gegenstände und nicht bloß M., der Zeichner. Auch *Gruppe 5* identifizierte, wie die Bögen erkennen lassen, beide Gegenstände korrekt. Wie man während des Museumsbesuchs beobachten konnte, gingen sie dabei geradezu methodisch vor. T. entdeckte im naturkundlichen Museum, dessen Besichtigung gar nicht vorgesehen war, einen Hundeschädel und stellte die Ähnlichkeit mit den Wolfsschädeln fest. Die Probleme innerhalb der Gruppe spiegeln sich hier – anders als in Gruppe 3 – nicht in den Arbeitsergebnissen wieder.

Nach der Überarbeitung der Bögen lautete für alle Gruppen der Arbeitsauftrag, *die* Fotos, Zeichnungen und Informationen auf eine Wandzeitung zu bringen, von denen die Gruppe glaube, dass es die anderen Schüler interessieren werde. Der Klasse wurde eine Collage gezeigt, die Schüler einer anderen Klasse zu einem gänzlich anderen Thema erstellt hatten, denn diese Präsentationstechnik war neu für die meisten Schüler der Klasse. Schwierigkeiten bereitete der Arbeitsauftrag insbesondere Gruppe 2, denn hier hatte der Fotograf so gut wie keine brauchbaren Fotos angefertigt. Der Gruppe wurden schließlich Fotos des Lehrers zur Verfügung gestellt. Bei der Präsentation hingegen brillierte Gruppe 2, als v. a. Benedikt äußerst eloquent die Arbeitsergebnisse vorstellte. Die anderen Schüler erkannten auch – durch eine Karikatur und den Beobachtungsbogen dafür sensibilisiert, dass ein Vortrag interessant sein muss und wie man ihn ansprechend gestalten kann – recht treffsicher, dass die Präsentation der Gruppe 2 die beste war. Große Schwierigkeiten, über ihr Thema zu berichten, hatte hingegen Gruppe 1, zumal der Schüler, der die Präsentation am ehesten

in die Hand hätte nehmen können, in dieser Stunde fehlte. Die „Zuschauer" votierten daher bei den meisten Fragen mehrheitlich mit „nein".

4. Reflexion realisierter Planung

Jürgensen schreibt in seinem Aufsatz zum Besuch (kultur-)historischer Museen: „Museumsbesuche von Schulklassen enden oft mit Frustrationen: Die Schüler sind erschöpft und irritiert angesichts der Vielzahl und Unübersichtlichkeit der Ausstellungsobjekte, die Lehrer sind missmutig, weil ihre Bemühungen, etwas Besonderes zu bieten und den Unterricht aus dem Klassenzimmer herauszuführen, nicht jene Ergebnisse zeigen, die sie sich vorgestellt haben."[99] Legt man die hier beschriebene Schülerreaktion zugrunde, so muss der mit der Klasse 5b der Hauptschule Niersenberg durchgeführte Museumsbesuch als Erfolg gewertet werden. Einige Schüler sagten noch vor Ort: „Das hat Spaß gemacht", oder: „Kostet das Eintritt? Sonst fahre ich mit meiner Mutter mal hierhin." Darum befragt, was ihnen überhaupt nicht gefallen habe, bezogen sich – wie skizziert – mehrere Schüler auf die Arbeit in ihrer Gruppe, die sie für verbesserungsfähig halten, von Frustration über das Museum an sich kann hier nicht die Rede sein. Darum befragt, was sie am besten fanden, beziehen sich viele auf das Mammut. „Das Mammut war so groß, das sah geil aus", schreibt ein Schüler. Äußerungen wie diese, aber auch die Gesichtsausdrücke einiger Schüler auf den in der Anlage beigefügten Fotos können vorsichtig als Indiz gedeutet werden, dass bei den Schülern Emotionen geweckt wurden. Eine Ausnahme stellt N. dar, der, darum befragt, was ihm gefallen habe, schreibt: „Nothing, really. I wanted to see a T-Rex." Vermutlich ist die Antwort nicht ganz ernst gemeint, denn dass man in diesem Museum keine Saurier besichtigen kann, war Niksa schon im Voraus gesagt worden. Einige Schüler waren auch begeistert von den „Edelsteinen" oder den „Tieren, die Geräusche machen", was zeigt, dass sie auch die anderen Ausstellungen wahrgenommen haben, und auf die Problematik der Verschränkung so vieler Museumstypen hindeutet.

Was das Methodenlernen und das hochgesteckte Ziel der Emanzipation angeht, muss nüchtern festgestellt werden, dass die meisten Schüler wohl kaum über die Illustration ihres historischen Wissens hinausgekommen sind. Allerdings sollte man das Lernziel der Illustration nicht gering achten. Auch gilt es zu bedenken, dass das bloße Kennenlernen der Ausstellung und die räumliche Orientierung für Schüler dieses Alters eine beachtliche Leistung darstellt. Es gibt aber auch Beispiele für ein wirklich methodisches, forschendes Vorgehen (s. das Bsp. von der Identifizierung des Wolfsschädels). Allen Schülern deutlich geworden sein wird überdies die Relevanz des schulisch oder privat erworbenen Vorwissens, das nötig war, um die Gegenstände zu bestimmen und die Aufgaben zu bearbeiten.

Als Erfolg kann wohl auch das disziplinierte Verhalten der Klasse im Museum gewertet werden. Die von den Schülern selbst erarbeiteten Regeln zeigten ihre Wirkung. Das war auch wichtig, denn das Aufsichtspersonal hielt es trotz des disziplinierten Verhaltens der Schüler zweimal für erforderlich, überzogen scharfe Direktiven zu erteilen. Hier zeigte sich, was man Museumsangestellten

---

[99] Frank Jürgensen, „Vorbereitung auf Besuche im (Kultur-) Historischen Museum", S. 20, *Geschichte lernen* 14 (1990), S. 20-25.

gemeinhin nachsagt, nämlich dass sie dem Hereinstürmen lebhafter Schulklassen in die ruhige und andächtige Atmosphäre des Museums oft skeptisch gegenüberstehen und auch die begleitenden Lehrer eher misstrauisch beäugen. Wenn auch die Zusammenarbeit in einigen Gruppen noch zu wünschen übrig ließ, so ist doch beachtlich, wie selbstkritisch die Schüler ihre Arbeit als Team bewertet haben.

Als vorteilhaft erwies es sich auch, den Besuch ans Ende der Unterrichtseinheit platziert zu haben. Es steht zu befürchten, dass sonst v. a. die Jungsteinzeit- und Bronzezeit-Gruppen überfordert gewesen wären. „Man sieht nur, was man weiß", sagt Goethes Wilhelm Meister, und dies schien sich zu bewahrheiten. Die Vertrautheit der Schüler mit der Thematik war es wohl nicht zuletzt, die verhinderte, dass der Museumsbesuch einen bloßen Wandertags- und Sightseeingcharakter annahm. Gleichwohl machte es den Kindern nach den angestrengten Untersuchungen im Museum Freude, sich auf dem benachbarten Spielplatz auszutoben. Leider übersehen wurde, dass das Museum selbst einen attraktiven Außenbereich hat, nämlich einen Eiszeitgarten mit der lebensgroßen Rekonstruktion eines Wollnashorns; fraglich ist allerdings, ob der Garten um diese Jahreszeit schon begehbar gewesen wäre.

Urban hält es für das Kennzeichnende der „humanen Dimension des Geschichtsmuseums", dass sich hier Menschen vor Überlieferungsfragmenten begegnen und ins Gespräch kommen,[100] Beuys nennt das Museum einen „Ort der permanenten Konferenz".[101] Dieser Aspekt kam aufgrund der selbständigen Erkundung ein wenig zu kurz. Der Lehrer konnte zwar mit allen fünf Gruppen sprechen während der Erkundung, die Gespräche waren aber jeweils recht kurz. Bei einem erneuten Museumsbesuch soll daher Hoffmanns Vorschlag erprobt werden. Er rät, den Schülern etwa eine Stunde die Möglichkeit zu geben, sich allein im Museum zu bewegen. Nach einer Pause und einer Zwischenbilanz könne dann ein gemeinsamer Rundgang erfolgen.[102] Dieser gemeinsame Rundgang bietet dann die Gelegenheit zu einem noch intensiveren Austausch über einzelne Exponate.

Als didaktisches Allheilmittel kann der Museumsbesuch nicht fungieren, sowohl in erzieherischer Hinsicht wie auch hinsichtlich der unterrichtlichen, fachlichen Lernziele hat er aber, wird er sorgfältig geplant, einiges zu bieten. Nicht zuletzt am Beispiel der Klasse 5b scheint sich diese Behauptung bewahrheitet zu haben.

---

[100] Vgl. Urban 2004, S. 384.
[101] Zitiert nach Grütter 1990, S. 18.
[102] Vgl. Hoffmann 1992, S. 492.

31

Literaturverzeichnis

Arbeitspläne für das Fach Geschichte-Politik, entsprechend den Richtlinien für den Lernbereich Gesellschaftslehre. Kamp-Lintfort: 1990 (unveröffentlicht, Archiv der Hauptschule am Niersenberg).

Bergmann, Klaus: *Emanzipation.* In: Bergmann, Klaus; u. a. (Hrsg.): *Handbuch der Geschichtsdidaktik.* Seelze-Velber: ^{4}1992, S. 236-239.

Bloch, Marc: *Apologie der Geschichte oder Der Beruf des Historikers,* hrsg. v. Lucien Febvre, aus dem Franz. übertr. v. Siegfried Furtenbach, rev. durch Friedrich J. Lucas. Stuttgart: ^{3}1992.

Brauer, R.; u. a.: *Wortstark 5. Themen und Werkstätten für den Deutschunterricht.* Hannover: 1996, S. 160.

Burk, Karlheinz; Claussen, Claus: *Auswertung der Umfrage „Lernorte außerhalb der Schule".* In: Burk, Karlheinz; Claussen, Claus (Hrsg.): *Lernorte außerhalb des Klassenzimmers II. Methoden, Praxisberichte, Hintergründe.* Frankfurt a. M.: 1981 (Beiträge zur Reform der Grundschule, Bd. 49), S. 164-195.

Burk, Karlheinz; Claussen, Claus: *Lernorte außerhalb des Klassenzimmers. Didaktische Perspektiven.* In: Burk, Karlheinz; Claussen, Claus (Hrsg.): *Lernorte außerhalb des Klassenzimmers I. Didaktische Grundlegung und Beispiele.* Frankfurt a. M.: 1980 (Beiträge zur Reform der Grundschule, Bd. 45), S. 5-25.

Burk, Karlheinz; Claussen, Claus: *Zur Methodik des Lernens außerhalb des Klassenzimmers.* In: Burk, Karlheinz; Claussen, Claus (Hrsg.): *Lernorte außerhalb des Klassenzimmers II. Methoden, Praxisberichte, Hintergründe.* Frankfurt a. M.: 1981 (Beiträge zur Reform der Grundschule, Bd. 49), S. 18-41.

Danz, Johann Traugott Leberecht: *Über den methodischen Unterricht in der Geschichte auf Schulen.* Leipzig: 1798.

Dellmann, G.; u. a.: *Wir und unsere Vergangenheit 1. Von der Vorgeschichte bis zur Demokratie der Griechen. 5. Klasse.* Bochum u. a.: o. J.

„Fast ein pädagogisches Märchen" <http://www.eb.salzburg.at/museum.htm> (22.03.05).

Frenken, L.; u. a.: *Durchblick. Geschichte/Politik 5/6. Hauptschule Nordrhein-Westfalen.* Braunschweig: 2001.

Gerster, Petra; Nürnberger, Christian: *Erziehungsnotstand. Wie wir die Zukunft unserer Kinder retten.* Berlin: 2001.

Grütter, Heinrich Theodor: „Geschichte im Museum". *Geschichte lernen* 14 (1990), S. 14-19.

Grütter, Heinrich Theodor: *Geschichte im Museum.* In: Bergmann, Klaus; u. a. (Hrsg.): *Handbuch der Geschichtsdidaktik.* Seelze-Verlber: ^{5}1997, S. 707-713.

Hey, Bernd: *Die historische Exkursion. Zur Didaktik und Methodik des Besuchs historischer Stätten, Museen und Archive.* Stuttgart: 1978 (Anmerkungen und Argumente zur historischen und politischen Bildung, Bd. 19).

32

Hey, Bernd: *Exkursionen, Lehrpfade, alternative Stadterkundungen.* In: Bergmann, Klaus; u. a. (Hrsg.): *Handbuch der Geschichtsdidaktik.* Seelze-Velber: [5]1997, S. 727-731.

Hoffmann, Detlef: *Geschichtsunterricht und Museen.* In: Bergmann, Klaus; u. a. (Hrsg.): *Handbuch der Geschichtsdidaktik.* Seelze-Velber: [4]1992, S. 489-492.

„Josef Albers Museum Quadrat" <http://www.fh-bochum.de/fb1/af-iba/718af.html> (22.03.05).

Jürgensen, Frank: „Vorbereitung auf Besuche im (Kultur-) Historischen Museum", *Geschichte lernen* 14 (1990), S. 20-25.

Kluckert, Ehrenfried: *Kunstführung und Reiseleitung. Methodik und Didaktik.* Oettingen: 1981.

Lenz-Johanns, Martin: *Differenzen im Verhältnis von Schule und Museum?* In: Weschenfelder, Klaus; Zacharias, Wolfgang: *Handbuch Museumspädagogik. Orientierung und Methoden für die Praxis.* Düsseldorf: [3]1992 (überarb. Neuaufl.), S. 402-413.

Martial, Ingbert von; Bennack, Jürgen: *Einführung in schulpraktische Studien. Vorbereitung auf Schule und Unterricht.* Baltmannsweiler: [6]2000.

Matthes, Michael: *Einführung.* In: *Schule und Museum. Vom Nutzen des Museums für die Schule. Anregungen für den Unterricht in den Fächern Geschichte, Deutsch, Physik, Bildende Kunst, Erdkunde/Sachkunde,* hrsg. v. museumspädagogischen Dienst Berlin in Zusammenarbeit mit der Senatsverwaltung für Schule, Jugend und Sport und dem Außenamt der Staatlichen Museen zu Berlin, Preußischer Kulturbesitz. Berlin: 1998, S. 9-19.

Ministerium für Schule, Jugend und Kinder (Hrsg.): *Bereinigte Amtliche Sammlung der Schulvorschriften 2004/2005.* Düsseldorf/Frechen: 2004.

Ministerium für Schule, Jugend und Kinder (Hrsg.): *Richtlinien und Lehrpläne für die Hauptschule in Nordrhein-Westfalen. Geschichte/Politik.* Düsseldorf/Frechen: 1989.

„Museum Infonet. Der virtuelle Museumsführer" <http://www.museuminfonet.de> (22.03.05).

Ohde, Melanie; Wiederhold, Karl A.: *Mit Grundschulkindern das Kunstmuseum entdecken.* Donauwörth: 1994.

Pandel, Hans-Jürgen; u. a. (Hrsg.): *Handbuch Methoden im Geschichtsunterricht.* Schwalbach/Ts.: 2004.

Pandel, Hans-Jürgen: *Quelleninterpretation. Die schriftliche Quelle im Geschichtsunterricht.* Schwalbach/Ts.: 2000.

Pandel, Hans-Jürgen; Schneider, Gerhard (Hrsg.): *Handbuch Medien im Geschichtsunterricht.* Schwalbach/Ts.: 1999.

Pellens, Karl: *Historisches Museum und Museumsdidaktik.* In: Kampen, Wilhelm van; Kirchhoff, Hans Georg (Hrsg.): *Geschichte in der Öffentlichkeit. Tagung der Konferenz für Geschichtsdidaktik vom 5. bis 8. Oktober 1977 in Osnabrück.* Stuttgart: 1979 (Anmerkungen und Argumente zur historischen und politischen Bildung, Bd. 23), S. 17-33.

Rietschel, Siegfried: *Museum und Schule.* In: Freymann, Thelma von (Hrsg.): *Am Beispiel erklärt. Aufgaben und Wege der Museumspädagogik.* Hildesheim u. a.: 1988 (Hildesheimer Beiträge zu den Erziehungs- und Sozialwissenschaften. Studien, Texte, Entwürfe, Bd. 29), S. 153-160.

33

Rohlfes, Joachim: *Geschichte und ihre Didaktik*. Göttingen: [2]1997.

Ruf, Eugen: *Sinnliche Erfahrung, gemeinsame Erlebnisse*. In: Burk, Karlheinz; Claussen, Claus (Hrsg.): *Lernorte außerhalb des Klassenzimmers II. Methoden, Praxisberichte, Hintergründe*. Frankfurt a. M.: 1981 (Beiträge zur Reform der Grundschule, Bd. 49), S. 5-17.

Schmeer-Sturm, Marie-Louise: *Museumspädagogik. Lernbereiche und Methoden*. In: *CD-Rom der Pädagogik*. Hohengehren: 1996.

Schmeer-Sturm, Marie-Louise: *Museumspädagogik. Geschichte*. In: *CD-Rom der Pädagogik*. Hohengehren: 1996.

Schreiber, Waltraud: „Die historische Exkursion. Versuch einer Typologie". *Geschichte, Politik und ihre Didaktik*. Heft 1/2 (1999), S. 30-36.

Stahmer, Ingrid: *Vorwort*. In: *Schule und Museum. Vom Nutzen des Museums für die Schule. Anregungen für den Unterricht in den Fächern Geschichte, Deutsch, Physik, Bildende Kunst, Erdkunde/Sachkunde*, hrsg. v. museumspädagogischen Dienst Berlin in Zusammenarbeit mit der Senatsverwaltung für Schule, Jugend und Sport und dem Außenamt der Staatlichen Museen zu Berlin, Preußischer Kulturbesitz. Berlin: 1998, S. 6.

Sturm, Eva: *Konservierte Welt Museum und Musealisierung*. Berlin: 1991.

Trautner, Hans Martin: *Lehrbuch der Entwicklungspsychologie*. Bd. 2. *Theorien und Befunde*. Göttingen: 1991.

Urban, Andreas: *Geschichtsvermittlung im Museum*. In: Pandel, Hans-Jürgen; u. a. (Hrsg.): *Handbuch Methoden im Geschichtsunterricht*. Schwalbach/Ts.: 2004, S. 370-387.

Vieregg Hildegard; u. a. (Hrsg.): *Museumspädagogik in neuerer Sicht. Erwachsenenbildung im Museum*. Bd. 1. *Grundlagen, Museumstypen, Museologie*. Baltmannsweiler: 1994, S. 145-305.

„Webmuseen" <http://webmuseen.de> (22.03.05).

Wittenbruch, Wilhelm: *Schule, ein tauglicher Lebensort für Kinder und Jugendliche? Zehn Anmerkungen zum Thema „Schulleben"*. In: Reiß, Gunter (Hrsg.): *Schule und Stadt. Lernorte, Spielräume, Schauplätze für Kinder und Jugendliche*. Weinheim u. a.: 1995, S. 113-129.

Anhang

A 1 Fragebogen zur Erkundung der Lerngruppe

A 2 Bildergeschichte zur Erarbeitung von Regeln für den Museumsbesuch

A 3 „Zielscheibe" zur Evaluation der Gruppenarbeit

A 4 Karikatur zur Erarbeitung von Präsentationsregeln

A 5 Beobachtungsbogen für die Präsentation der Arbeitsergebnisse

A 1 **Fragebogen zur Erkundung der Lerngruppe**

Un**s**re Klasse unter der Lupe

Vergib für jede der folgenden Fragen eine Note von 1 bis 6, um Verbesserungs-möglichkeiten in unserer Klasse aufzuspüren.

1. Wie schätzt du die Zeit ein, die du in der Schule stillsitzen musst? Ist sie o. k. und gibt es genug Pausen, oder würdest du dir mehr Bewegung und mehr Pausen wünschen?
❑

2. Seid ihr mit eurer Klassengemeinschaft zufrieden, oder werden einzelne Schüler gehänselt und ausgegrenzt?
❑

3. Wie zufrieden seid ihr mit der Disziplin in eurer Klasse? Ist es manchmal zu laut, um lernen zu können?
❑

4. Glaubst du, dass es auch unter den Lehrern Streit geben kann? Habt ihr das auszubaden?
❑

5. Verstehen deine Fachlehrer viel von ihrem Fach und können sie auch unerwartete Fragen beantworten?
❑

6. In welchem Maß sind deine Lehrer auch offen für eure persönlichen Probleme?
❑

7. Gehst du im Allgemeinen gern zur Schule?
❑

Die folgenden Fragen beziehen sich auf eure Erfahrungen mit Museen und mit Geschichte. Hier sollt ihr keine Noten verteilen, sondern ihr müsst Kreuzchen machen oder richtige Antworten geben.

36

1. Warst du schon einmal in einem Museum?
❑ ja, war ich schon ❑ nein, noch nie

2. Falls ja, wie oft warst du schon in einem Museum?
❑ Mal

3. Welche Besuche davon hast du mit der Schule gemacht, welche privat?
❑ Besuche privat ❑ mit der Schule

4. Kannst du dich noch erinnern, was ihr euch dort angeschaut habt?

_____

5. Was ist interessanter: Schule oder Museum?
❑ Schule ist interessanter ❑ Museem sind interessanter

Und warum? _____

6. Was gefällt dir am Fach Geschichte besonders?

_____

7. Was findest du blöd in Geschichte und was sollten wir anders machen?

_____

8. Wir werden uns ein Steinzeitmuseum angucken. Was würdest du dort gerne alles angucken und machen können?

_____

9. Glaubst, dass sich eure Klasse auf einem solchen Ausflug angemessen benehmen kann?

_____

37

A 2 Bildergeschichte zur Erarbeitung von Regeln für den Museumsbesuch

Zu Bildern Geschichten schreiben

Überschrift

Wie kam es zu dieser
Situation? (Vorgeschichte)

Gib den Personen
und dem Hund
Namen!

Wo befinden sich die
Personen?

Was könnte zwischen den
Bildern passiert sein?

Was denken und sprechen
die Personen?

Achte auch auf
Kleinigkeiten!
(Wie sieht das
Skelett aus?
Wohin schauen
die Personen?)

Was tun die Personen?
Wie verhalten sie sich?

Geräusche
Gefühle
Gedanken

Was sehen die Personen?
Was ist passiert?

Achte auf den Hund!

Wie geht es weiter?

Schluss

aus: R. Brauer u. a., *Wortstark 5. Themen und Werkstätten für den Deutschunterricht*
Hannover: 1996), S. 160.

38

A 3 „Zielscheibe" zur Evaluation der Gruppenarbeit

Wir bewerten unseren Museumsbesuch und unsere Arbeitsweise

Die Aufgabenverteilung hat gut funktioniert. Zeichner, Fotograf, Aufpasser und Zeitnehmer haben ihre besonderen Aufgaben erfüllt.

Unsere Gruppe hat sich an die gemeinsam erarbeiteten Regeln gehalten (leise sein; nicht rennen; hinter der Absperrung bleiben; nicht drängeln; nichts anfassen, was man nicht anfassen darf).

In den Gruppen wurde zügig gearbeitet.

Alle in der Gruppe fühlten sich für die gemeinsamen Rallye-Aufgaben verantwortlich.

Das fand ich am besten an dem Museumsbesuch:

_____

_____

_____

Das hat mir überhaupt nicht gefallen:

_____

_____

A 4 Karikatur zur Erarbeitung von Präsentationsregeln

Aus: Johannes Hickel: Sanfter Schrecken. © Quelle und Meyer Verlag, Heidelberg · Wiesbaden

aus: Hilbert Meyer, *Unterrichtsmethoden*, Bd. 2, *Praxisband* (Frankfurt a. M.: [2]1989), S. 181.

A 5 Beobachtungsbogen für die Präsentation der Arbeitsergebnisse

Auswertungsbogen für die Präsentation der Gruppenarbeit

Trage ein X für „ja" und ein O für „nein" in die Spalten ein.

	Gruppe 1	Gruppe 2	Gruppe 3	Gruppe 4	Gruppe 5
Wurde das Thema der Präsentation genannt?					
Konnte man der Präsentation gut folgen?					
War die Präsentation für alle gut zu sehen?					
Hat die Gruppe gewartet, bis alle ruhig waren?					
Haben die Gruppenmitglieder laut und deutlich gesprochen?					
Wusste die Gruppe gut über ihr Thema Bescheid?					
Eigene Notizen/Kommentare					